Jürgen Jacobs

Der Weg des Pícaro

Untersuchungen zum europäischen Schelmenroman

Heinz Kosok, Heinz Rölleke (Hg.)

SCHRIFTENREIHE LITERATURWISSENSCHAFT

Band 40

Jürgen Jacobs

Der Weg des Pícaro

Untersuchungen zum europäischen Schelmenroman

Wissenschaftlicher Verlag Trier

Die Deutsche Bibliothek - CIP-Einheitsaufnahme

Jacobs, Jürgen:
Der Weg des Pícaro : Untersuchungen zum europäischen Schelmenroman /
Jürgen Jacobs. -
Trier : WVT Wissenschaftlicher Verlag Trier, 1998
(Schriftenreihe Literaturwissenschaft ; Bd. 40)
ISBN 3-88476-289-3

Titelbild: Titelkupfer zu Grimmelshausens "Courasche"

Umschlaggestaltung: Brigitta Disseldorf
(M. Nottar, Agentur für Graphik & Design, Konz)

ISBN 3-88476-289-3

WVT Wissenschaftlicher Verlag Trier
Bergstraße 27, 54295 Trier
Postfach 4005, 54230 Trier
Tel. 0651-41503 / 9943344, Fax 41504

Inhalt

La vida de
Lazarillo d̄ Tormes:
y de sus fortunas
y aduersida-
des.
M. D. liiij.

Vorwort

Der vorliegende Band faßt eine Reihe von Abhandlungen zur Geschichte des Schelmenromans zusammen, die im Lauf der letzten Jahre entstanden sind. Einige von ihnen sind bereits, wenn auch zum Teil an entlegenen Stellen, gedruckt worden, andere erscheinen hier zum ersten Mal. Da die Texte zu verschiedenen Anlässen verfaßt wurden, ergaben sich gelegentlich thematische Überschneidungen, die allerdings nicht als so gewichtig erschienen, daß sie redaktionelle Eingriffe erforderlich gemacht hätten.

Das Interesse des Verfassers richtete sich vor allem auf die Entwicklung des pikaresken Romans über den enormen Zeitraum vom 16. bis zum 20. Jahrhundert und damit besonders auf die Frage nach den Kontinuitäten, Modifikationen und Brüchen im Erscheinungsbild der Gattung. Daß dabei ein komparatistischer Ansatz die Untersuchung leiten mußte, ergab sich aus der Sache. Der Verfasser hofft, daß seine Überlegungen, deren Blickfeld vom spanischen *Lazarillo* bis zu Thomas Manns *Krull* und Thelens *Insel des zweiten Gesichts* reicht, als Mosaiksteine zu einer Gattungsgeschichte des Pícaro-Romans dienen können.

Wuppertal, im März 1998

J. J.

Der Weg des Pícaro

Entstehung und Entwicklung des Schelmenromans

Auf seiner zweiten ritterlichen Ausfahrt stößt Don Quijote eines Morgens auf eine Gruppe von Sträflingen, die an eine Kette gefesselt sind und auf die Galeeren geführt werden. Er hält den kleinen Trupp an und erbittet höflich von den Bewachern die Erlaubnis, die Gefangenen nach dem Grund ihrer Bestrafung zu befragen. Einer von ihnen, der schon früher vier Jahre auf den Galeeren absolviert hat und offenbar ein berüchtigter Verbrecher ist, nennt sich Ginés de Pasamonte. Er spricht davon, daß er sein Leben selbst beschrieben habe und das Buch als Pfand für seine Schulden im Gefängnis habe hinterlassen müssen. Von seinem Werk hat er keine geringe Meinung:

> Es ist so vortrefflich [...], daß Lazarillo de Tormes nur gleich einpacken kann und mit ihm alle die Bücher, die sonst noch in dieser Art geschrieben sind oder noch geschrieben werden. Was ich Euch darüber sagen kann, ist, daß es nur Wahrheit berichtet und so hübsche und ergötzliche Wahrheit, daß es keine Lügen geben kann, die ihr gleich kämen.[1]

Aus dieser Passage des Romans läßt sich entnehmen, daß zum Zeitpunkt ihres Erscheinens im Jahre 1605 bereits eine deutliche Vorstellung von Büchern im Stil des *Lazarillo de Tormes* bestanden haben muß. Zu ihren Kennzeichen gehört es offensichtlich, daß sie in der Form autobiographischer Schilderung die Geschichte eines Außenseiters mit kriminellen Neigungen erzählen. Wenn Cervantes seinen Ginés de Pasamonte sagen läßt, daß die „hübsche und ergötzliche Wahrheit" seines Buches alle denkbaren Lügen übertreffe, so ist damit angedeutet, daß Lebensgeschichten dieser Art zwar einen Anspruch auf Authentizität erheben, aber doch eher mit der Verheißung exzentrisch-sensationeller Schilderungen den Leser anlocken.

---

[1] Cervantes: Don Quijote I/22 (Übersetzung von Ludwig Braunfels).

Jener Typus von Erzählungen, auf den der Galeerensträfling anspielt (und den Cervantes offenbar als dubios erscheinen lassen möchte), ist kein anderer als der des pikaresken Romans.[2] Im Jahre 1605 waren allerdings nur wenige Exemplare dieser Gattung bekannt. Es handelt sich zunächst um den bei Cervantes genannten *Lazarillo de Tormes*, das zuerst 1554 erschienene Werk eines bis heute anonym gebliebenen Autors (das wahrscheinlich schon einige Jahrzehnte früher geschrieben worden war).[3] Als zweites und eigentlich traditionsbegründendes Buch ist Mateo Alemáns *Guzmán de Alfarache* zu nennen, dessen erster Teil 1599 gedruckt wurde, wegen des großen buchhändlerischen Erfolges rasch gefolgt von der falschen Fortsetzung eines gewissen Juan Martí und einem authentischen zweiten Band im Jahre 1604. Das Wort „Pícaro" kommt im *Lazarillo* noch nicht vor, bei Mateo Alemán allerdings wird es schon wie selbstverständlich zur Charakterisierung des Titelhelden benutzt. Es bezeichnet einen gesellschaftlichen Außenseiter von dubioser Herkunft, der eine parasitäre Existenz führt und sein Überleben und das Erreichen einer anerkannten sozialen Position mit kriminellen oder doch zumindest moralisch fragwürdigen Mitteln zu sichern versucht.[4]

Natürlich stellt sich die Frage, aufgrund welcher Bedingungen im Spanien des 16. und 17. Jahrhunderts eine ganze Serie von Romanen entstehen

---

[2] Zur Haltung Cervantes' gegenüber den pikaresken Erzählwerken vgl. Carlos Blanco Aguinaga: Cervantes y la picaresca. Notas sobre dos tipos de realismo. *NRFH* XI, 1957, S. 313 - 342. Zur Deutung der im Text zitierten Passage aus dem „Don Quijote" vgl. Claudio Guillén: Genre and Countergenre: The Discovery of the Picaresque. In: C. G.: *Literature as System.* Princeton 1971, S. 135 ff., hier S. 148 ff.

[3] Zum Entstehungsdatum des „Lazarillo" vgl. Américo Castro: Perspectiva de la novela picaresca. In: A. C.: *Hacia Cervantes.* Madrid 1957, S. 91.

[4] Vgl. die Bestimmung der Wortbedeutung bei Fernando Lázaro Carreter: *Lazarillo de Tormes en la picaresca.* 2. Aufl. Barcelona 1983, S. 219: Das Wort diene „para designar a un individuo sin oficio, desastrado, disponible siempre para trabajos subalternas, que

konnte, in deren Mittelpunkt männliche und weibliche Außenseiterfiguren nach dem Muster Lazarillos und Guzmáns standen. Die Vermutung liegt nahe, daß sich in den Lebensläufen der Pícaros die Verhältnisse einer rigiden, ständisch gegliederten Gesellschaftsordnung mit einer sehr ungleichen Verteilung der materiellen Güter spiegeln. Ein solches System erzeugte zwangsläufig eine große Zahl von unterprivilegierten Existenzen, denen der Aufstieg in gesicherte soziale Positionen verwehrt blieb und die um das nackte Überleben täglich zu ringen hatten. Zu den zentralen Motiven der frühen Pícaro-Geschichten gehören daher die materielle Not und der Hunger, durch die sich der Zwang ergibt, im Wege der Selbsthilfe gegenüber einer mitleidlosen Gesellschaft die elementaren Lebensbedürfnisse zu befriedigen. Lazarillo selbst verweist auf diesen Zusammenhang, wenn er sagt:

> Aber die Not ist eine große Lehrmeisterin, und da die meine nicht aufhören wollte, sann ich Tag und Nacht darauf, wie ich mein Leben fristen könnte; und gewiß hat der Hunger mich erleuchtet, damit ich all die dunklen Auswege fand, denn es heißt ja, er schärfe den Geist [...].[5]

Die Pícara Justina des López de Úbeda bringt diese Erkenntnis auf die Formel, daß Schelmentum (picardía) und Armut aus demselben Steinbruch stammen.[6]

Ein anderer Grund, mit dem die Pícaros ihre Verstöße gegen Recht und Moral entschuldigen, liegt in der Schlechtigkeit der Welt, der sie sich mit

---

mueve a aprensión por su miseria y porque su falta de principios lo hacen sospechoso de delinquir."

[5] *Lazarillo de Tormes*, 2. Kap. Übersetzung nach der von Horst Baader edierten Sammlung *Spanische Schelmenromane*, Bd. I, München 1964, S. 31.

[6] Francisco López de Úbeda: *La Pícara Justina*. Hg. v. Antonio Rey Hazas. Madrid 1977, Bd. I, S. 99: „Pobreza y picardía salieron de una misma cantera."

ihrem losen Treiben nur anpassen. In diesem Sinn kommentiert Guzmán den Beginn seiner Schelmenlaufbahn mit folgender Bemerkung:

> Weil ich unter Wölfen war, lernte ich heulen [...]. Alle spielten und fluchten, alle stahlen und bestachen: ich tat nichts anderes als sie, und kleiner Anfang führt zu großem Ende.[7]

Es sind nun allerdings nicht bloß Not und Hunger oder die allgemeine Bosheit und Heillosigkeit der Welt, die den Pícaro bedrängen. Sondern es gibt spezielle Bedingungen in der gesellschaftlichen Ordnung des damaligen Spanien, die scharfe Diskriminierungen erzeugen und die unaufhebbare Außenseiterschaft des Schelms begründen. Es war der Historiker Américo Castro, der zuerst darauf aufmerksam gemacht hat, daß sich in den pikaresken Erzählwerken des 16. und 17. Jahrhunderts die Lage der sogenannten „Conversos" oder „cristianos nuevos" spiegelt, d.h. die Lage der zum Katholizismus übergetretenen Juden, deren Rechtgläubigkeit man anzweifelte und denen man ihre Herkunft als schweren Makel anrechnete.[8] Weil sie den herrschenden Vorstellungen von der Reinheit des Blutes, den „Estatutos de limpieza de sangre", nicht entsprachen, verfielen sie einer schonungslosen Diskriminierung. Begreiflicherweise führte dies zu schweren sozialen Spannungen und zur Bemühung der „Conversos", ihre Abstammung zu kaschieren und sich als reinblütige Altchristen darzustellen.[9]

---

[7] Mateo Alemán: *Guzmán de Alfarache*, 1. Teil, II/5. Vgl. *Spanische Schelmenromane* (wie N. 5), Bd. I, S. 249.

[8] Vgl. Américo Castro: *España en su historia. Cristianos, Moros y Judíos*. Buenos Aires 1948, S. 577 f.; ferner in: *De la edad conflictiva*. Madrid 1961.

[9] Dazu auch Francisco Carillo: Raíz sociológica e imaginación creadora en la picaresca española. In: Manuel Criado de Val (Hg.): *La picaresca. Orígenes, textos y estructuras*. Madrid 1979, S. 65 ff., hier S. 71 ff.

Man hat nachweisen können, daß Mateo Alemán und López de Úbeda selbst jüdische Vorfahren hatten. Américo Castro hat wahrscheinlich gemacht, daß dies auch für den anonymen Autor des *Lazarillo* gilt.[10] Auch eine Reihe der Pícaros in den Romanen gehören zu den beargwöhnten und unterprivilegierten Neuchristen: Guzmán hat eine etwas unklare Herkunft mit Indizien für jüdische Abstammung; Pablos aus Quevedos *Buscón* kommt aus einer Familie mit jüdischen Vorfahren, und das gleiche gilt für die Pícara Justina.

Daß die Entstehung und das Florieren des Schelmenromans in Spanien mit den sozialen Konflikten um die „Conversos" zu tun hat, ist heute wohl zur herrschenden Meinung unter den Literaturhistorikern geworden.[11] Vor dem Hintergrund dieser These läßt sich die höchst kritische Darstellung der Gesellschaft, die sich in der Episodenfolge der pikaresken Erzählwerke zu einem satirisch gezeichneten Panorama entfaltet, erklären als die Antwort einer diskriminierten Gruppe auf ihre als ungerecht empfundene Ausschließung und Benachteiligung.

Über die genannten Gesichtspunkte hinaus ist die Konjunktur des Pícaro-Romans als Symptom einer tiefen sozialen, ökonomischen und ideellen Krise Spaniens im 16. und 17. Jahrhundert zu verstehen.[12] Diese Krise manifestiert

---

[10] Vgl. Américo Castro: *Hacia Cervantes*. Madrid 1957, Vorrede, S. XXIII ff.

[11] Vgl. dazu beispielsweise Marcel Bataillon: Les nouveaux Chrétiens dans l'essor du roman picaresque. *Neophilologus* 48 (1964), S. 283 ff.; Claudio Guillén: Toward a definition of the Picaresque. In: C. G.: *Literature as System*. Princeton 1971, S. 100 f.; H. G. Rötzer: „Novela picaresca" und „Schelmenroman". In: *Literatur und Gesellschaft im deutschen Barock*. GRM. Beiheft 1. Heidelberg 1979. S. 35 ff.; ferner die in N. 9 genannte Arbeit von Francisco Carillo und Antonio Rey Hazas: *La novela picaresca española*. Madrid 1990.

[12] Auch das ist communis opinio. Vgl. Francisco Carillo (wie N. 9), S. 77. Andreas Stoll. Wege zu einer Soziologie des pikaresken Romans. In: H. Baader und E. Loos (Hg.): *Spanische Literatur im Goldenen Zeitalter*: Festschrift für Fritz Schalk zum 70. Geburtstag. Frankfurt 1973, S. 461 ff.; vor allem José Antonio Maravall: *La literatura picaresca desde*

sich in wiederholten Staatsbankrotten, in einem raschen, schon von den Zeitgenossen als beunruhigend empfundenen Anwachsen der Stadtbevölkerung (insbesondere in Madrid und Sevilla), in den Konflikten, die durch die Vertreibung und Zwangsbekehrung der Mauren und Juden verursacht wurden, und durch den Kult der Standesehre und der „Reinheit des Blutes“. Die ökonomischen Nöte und die Zwänge des Kastensystems ließen eine ganze Schicht sozial nicht integrierter bzw. nicht anerkannter Existenzen entstehen, deren Probleme sich in den Pícaro-Romanen spiegeln. Offenbar dienen deren Protagonisten dazu, mit ihren selbsterzählten Lebensgeschichten die Widersprüche und Schattenseiten der etablierten Ordnung in ein kritisches Licht zu setzen. So wird etwa der wahnhafte Kult der „honra“, der Standesehre, im *Lazarillo* entlarvt, als von einem mittellosen Edelmann erzählt wird, der prätentiöse Reden führt und darauf besteht, daß sein Stand respektiert wird, sich aber zugleich von dem Brot ernähren muß, das sein Diener erbettelt. Andere häufig angesprochene Zielpunkte der Kritik sind die Mißstände im Klerus und die Korruption in der Justiz.

Die pikaresken Romane, die sich schon im ersten Jahrzehnt des 17. Jahrhunderts den spanischen Autoren und ihrem Publikum als deutlich profiliertes neues literarisches Genre darstellen, stehen in krassem Kontrast zu den Ritter- und Schäfer-Romanen, die bislang die Szene beherrscht hatten.[13] Anders als in den Romanen im Stil von Montalvos *Amadis* oder der *Diana*

---

la historia social. 2. Aufl. Madrid 1987, passim, vgl. besd. S. 762 ff. Allerdings scheint Maravalls These, die pikaresken Werke sollten vor allem als Warnung vor der Bedrohung der Gesellschaft und als Anstoß zu Reformen verstanden werden, zu einseitig und eng (vgl. a.a.O., S. 158 f., 774).

[13] Vgl. Américo Castro: *Hacia Cervantes* (wie N. 3), S. 110: „El pícaro como personaje literario fue el antípoda del caballero andante, del alma enamorada, del místico o del conquistador“.

des Montemayor stehen nicht mehr edle und unanfechtbare Protagonisten im Mittelpunkt, sondern Figuren von dubioser Herkunft und von moralischer Bedenkenlosigkeit. Geschildert ist nicht mehr eine idealisierte Welt, sondern eine heillose Gesellschaft, die vom Kampf aller gegen alle beherrscht ist. Ohne Zweifel bedeutete der pikareske Roman eine revolutionäre Erweiterung der literarischen Möglichkeiten. Das gilt auch für die narrative Anlage: Daß die aus den Niederungen der Gesellschaft stammende Zentralfigur ihre Lebensgeschichte selbst erzählt, wird zu einem typischen Merkmal der pikaresken Romane.

Die Beliebtheit der Schelmengeschichten beruht wohl zum guten Teil auf der kritisch-satirischen Darstellung der spanischen Gesellschaft, in der sich ein verbreitetes Unbehagen und Krisenbewußtsein bestätigt sehen konnte. Einer der besten Kenner des Pícaro-Romans, Claudio Guillén, glaubt die Leserschaft dieser Werke vor allem in der mit ihrer Lage unzufriedenen Mittelklasse orten zu können.[14]

Ein wirksamer Reiz dieser Geschichten bestand aber auch in der Lust und Schadenfreude, mit welcher der Leser die „burlas“, die Streiche und Übertölpelungen des Pícaro verfolgen konnte. Im Vorwort des *Buscón* heißt es, das Buch enthalte alle Arten der „picardía“, nämlich Spitzfindigkeiten, Betrügereien, listige Einfälle und Tricks, die den Leser wohl gefallen dürften und die ihm auch zur Lehre dienen könnten. Aber der Autor scheint dann doch wenig vom moralischen Nutzen der Schelmengeschichten zu halten, wenn er be-

---

[14] Claudio Guillén: Genre and Countergenre: The Discovery of the Picaresque. In: C. G.: *Literature as System*, Princeton 1971, S. 135 ff.; hier S. 144.

zweifelt, daß jemand ein „libro de burlas“ kauft, um sich von den Antrieben seiner verdorbenen Natur zu befreien.[15]

In diesen Sätzen macht sich eine Ambivalenz spürbar, die allenthalben in den pikaresken Geschichten zu registrieren ist: Einerseits verfolgt der Leser amüsiert und nicht ohne Sympathie den Weg und die Streiche des Schelms, andererseits kann kein Zweifel daran bestehen, daß man seine moralische Unbedenklichkeit und seine Verstöße gegen die rechtliche Ordnung nicht billigen kann. Eine solche Zweideutigkeit herrscht schon im frühesten Exemplar der Gattung, dem *Lazarillo*. Der Held der Geschichte hat zunächst in seinem erfindungsreich ausgefochtenen Kampf um das nackte Überleben das Mitgefühl und das Verständnis des Lesers auf seiner Seite. Aber am Ende wird er in einem faulen Kompromiß mit der korrupten Gesellschaft vorgeführt:[16] Lazarillo heiratet die Mätresse eines hohen Klerikers und verteidigt - mit willentlicher Blindheit - die Tugend und Treue seiner Frau gegen alle üble Nachrede. In dieser schiefen, aber ökonomisch gesicherten Position und in dem wenig geachteten Amt eines „pregonero“, das heißt eines öffentlichen Ausrufers, will der Pícaro den Gipfel seines Glücks gefunden haben.[17] In der durchschaubar windigen Schilderung seiner Lage wird dem

[15] Quevedo: *Buscón*. Al lector: „Aquí hallarás en todo género de picardía - de que pienso que los más gustan - sutilezas, engaños, invenciones y modos, nacidos del ocio, para vivir a la droga, y no poco fruto podrás sacar dél si tienes atención al escarmiento; y, cuando no lo hagas, aprovéchate de los sermones, que dudo nadie compre libro de burlas para apartarse de los incentivos de su natural depravado.“ Zit. nach: *Novela picaresca española*. Tomo primo. Barcelona 1974, S. 587.

[16] Vgl. dazu Howard Mancing: El pesimismo radical del ‘Lazarillo de Tormes’. In: Manuel Criado de Val (Hg.): *La picaresca. Orígenes, textos y estructuras*. Madrid 1979, S. 459 ff., hier S. 462.

[17] *Lazarillo de Tormes*, in: *Spanische Schelmenromane* (wie N. 5) Bd. I, S. 64. Vgl. *Novela picaresca española* (wie N. 15), Bd. I, S. 136: „Pues en este tiempo estaba en mi prosperidad y en la cumbre de toda buena fortuna“.

Leser zu verstehen gegeben, daß sich Lazarillo mit der Schlechtigkeit der Welt arrangiert hat und Mitglied im großen Kartell der Heuchler geworden ist.[18]

Deutlicher noch sind die Ambivalenzen in Mateo Alemáns *Guzmán*. Hier sind die Schelmenstücke nicht ohne Lust an der Findigkeit und Wendigkeit und mit einem gewissen Stolz auf die freche Düpierung der Dümmeren erzählt. In deutlichem Kontrast dazu stehen die langen moralisierenden, zum Teil predigthaften Einschübe und die Selbstanklagen Guzmáns. Diese Passagen sind nicht ohne weiteres mit dem Charakter des bindungslosen, immer neue Gaunerstreiche verübenden Pícaros zu vereinbaren. Alemán versucht diese Schwierigkeit zu lösen, indem er seinem Helden am Ende, als er auf den Galeeren seine wohlverdiente Strafe absolviert, ein Bekehrungserlebnis zuschreibt, das die Perspektive für die Selbstschilderung festlegen soll.

Die Verbindung zwischen der Darstellung des freien Schelmenlebens einerseits und der reuigen Selbstkritik andererseits ist jedoch nicht ganz bruchlos gelungen. Bisweilen räsoniert der Erzähler ganz im Stil der pikaresken Amoralität, etwa wenn er bedauert, daß er keine Schwester hatte, die er gewinnbringend hätte verkuppeln können.[19] Eine ganze Reihe von Interpreten hat daher auch die Bekehrung Guzmáns nicht für bare Münze nehmen wollen und betrachtet sie als eine Heuchelei, d.h. als bloße Anpassung an die

---

[18] Richard Bjornson: *The Picaresque Hero in European Fiction*. Madison 1977, S. 36 ff. Domingo Ynduráin: La autobiografía y el Lazarillo. In: I. M. Battafarano und P. Taravacci (Hg.): *Il picaro nella cultura europea*. Gardolo 1989, S. 37 ff.; hier S. 49.
[19] Mateo Alemán: *Guzmán* 1. Tl. I/2. *Novela picaresca española* (wie N. 15) Bd. II, S. 53.

Vorurteile der Leser. Oder man schreibt die moralisierenden Exkurse dem Autor und nicht dem sein Leben erzählenden Pícaro zu.[20]

In den Pícaro-Romanen stößt man immer wieder auf Wendungen, in denen das Schelmenleben wegen seiner Freiheit von allen Zwängen und Rücksichten gepriesen wird.[21] So sieht etwa Guzmán in der schrankenlosen Ungebundenheit den Reiz der pikarischen Existenz: Er sehnt sich nach deren „herrlicher Freiheit" und bezeichnet ein Leben als glücklich, das sich über alle Konventionen hinwegsetzt und „das die Ehre nicht kennt".[22]

Das Titelkupfer der *Pícara Justina* von 1605 stellt die Protagonisten der Schelmenromane als freie, sorglos ihrer Laune folgende Menschen dar: Auf einem allegorischen Schiff des Schelmenlebens, auf dessen Mast Bacchus sitzt und ein Wimpel mit der Aufschrift „El gusto me lleba" flattert,[23] befinden sich Guzmán und Justina neben ihrer Vorläuferin, der „Madre Celestina". Als Begleiterin des Schiffs figuriert die „Ociosidad", der Müßiggang, und in einem kleinen Kahn rudert Lazarillo nebenher. Man darf wohl aus diesem Bild schließen, daß sich für die Leser geheime Sehnsüchte mit der Vorstellung eines Ausbruchs aus einer als oppressiv und beengend erlebten

---

[20] Vgl. z.B. José Antonio Maravall: *La literatura picaresca* (wie N. 12), S. 766, 770 f.; Matthias Bauer: *Der Schelmenroman*. Stuttgart u. Weimar 1994, S. 27, 48. Zu den Darstellungsproblemen im „Guzmán" vgl. Alexander A. Parker: *Literature and the Delinquent*. Edinburgh 1967, S. 35; ferner J. A. Jones: The Duality and Complexity of 'Guzmán de Alfarache'. In: Ch. J. Whitbourn: *Knaves and Swindlers*. London 1977, S. 25 ff.

[21] Vgl. dazu J.A. Maravall: *La literatura picaresca* (wie N. 12), S. 327 ff.; ferner Joseph A. Laurenti: Observaciones sobre el contagio y la exaltación de la vida picaresca en el Barroco. In: *Estudios sobre la novela picaresca española*. Madrid 1970, S. 23 ff., hier S. 25 f.

[22] Alemán: *Guzmán* 1. Tl. II/2. *Spanische Schelmenromane* (wie N. 5), Bd. I, S. 217, 219. *Novela picaresca española* (wie N. 15), Bd. II, S. 151 f.

[23] Zu deutsch etwa: „Meine Neigungen führen mich". Maravall bezeichnet „gusto" als die lebensleitende Norm des Pícaro. Vgl. sein in N. 12 zitiertes Werk, S. 344.

Gesellschaft verbinden. In der Tat ist in der Literatur der Zeit davon die Rede, daß junge Männer aus guten Familien die Neigung zeigen, sich den Lasten ihrer gesellschaftlichen Stellung durch den Übertritt in eine pikarische Lebensform zu entziehen.[24] Auch Cervantes erzählt in seiner Novelle *La ilustre fregona* von zwei jungen Adligen, die der „Neigung zum Landstreicherleben" folgen und mancherlei Abenteuer erleben,[25] aber am Ende ohne Schwierigkeit wieder in die Arme ihrer Väter und damit in die gehobene Sphäre ihrer Herkunft zurückkehren.

Aus einer solchen verführerischen Zeichnung des Pícaro-Lebens ließe sich folgern, daß die Romane eine Art kompensatorischer Funktion erfüllen, indem sie den Leser in der literarischen Fiktion an einer Existenzform teilhaben lassen, die von allen Zwängen und beengenden Rücksichten auf Herkunft, Ehre und Besitz frei ist.[26] Eng verbunden damit ist die unterhaltende Funktion der Schelmenliteratur, auf die schon das Titelblatt der *Pícara Justina* anspricht, wenn es den Roman als „Libro de entretenimiento" ankündigt. Daneben ist an eine moraldidaktische Absicht zu denken, die in den Predigten und Räsonnements des *Guzmán* hervortritt und deutlicher noch in der deutschen Adaption dieses Romans durch Aegidius Albertinus. Neuerdings ist auch die Auffassung laut geworden, die pikaresken Erzählwerke seien vor allem als Warnung vor einer Bedrohung der

---

[24] Vgl. J. A. Maravall: *La literatura picaresca* (wie N. 12), S. 334. Dort ist folgende Stelle aus einem Werk Salas Barbadillos' zitiert: „Cuántos de los que por naturaleza son señores y por sangre nobilísimos caballeros, desengañados de los costosas obligaciones en que se empeña más cada día la autoridad de la gente ilustre, quisieran hacerse pícaros, para gozar de su ociosa libertad".

[25] Von Carriazo heißt es, er sei in jugendlichem Alter ausgerissen, „llevado de una inclinación picaresca". Cervantes: *Obras completas*. Hg. v. A. Valbuena Prat. Madrid 1962, S. 921.

[26] Vgl. J. A. Maravall a.a.O. (wie N. 12), S. 348.

Gesellschaft durch eine wachsende Zahl streunender Asozialer bzw. als Aufforderung zu sozialen Reformen zu verstehen.[27]

Aber dies kann keinesfalls für alle einschlägigen Texte gelten, vielmehr zeigt schon der kurze Überblick über die frühesten Exemplare der Gattung, daß von Werk zu Werk beträchtliche Unterschiede bestehen. Der parasitäre Außenseiter der Gesellschaft, als der sich der Pícaro darstellt, kann ganz unterschiedlichen Darstellungsabsichten dienen. Im *Lazarillo* ist er Medium zur Enthüllung sozialer Mißstände, im *Guzmán* erscheint er darüber hinaus - wenn man die Selbstdeutung des Erzählers beim Wort nimmt - als moralisches Exempel. In Quevedos *Buscón* dagegen, der wohl schon im ersten Jahrzehnt des 17. Jahrhunderts geschrieben, aber erst 1626 gedruckt wurde,[28] ist die Perspektive radikal verschoben: Der vagabundierende Outcast wird hier mitleidlos beim Scheitern aller seiner Versuche vorgeführt, in der besseren Gesellschaft Fuß zu fassen. Die Geschichte bestätigt die Auffassung, daß unwiderruflich am Boden der Gesellschaft bleiben muß, wer - wie Pablos - aus dem Milieu der „Conversos" stammt, wessen Vater ein Dieb und wessen Mutter eine Hexe und Kupplerin ist und wessen Onkel den unehrlichen Beruf des Henkers ausübt. Der Pícaro wird hier zum Objekt einer höhnischen Demonstration, die offenbar den Prinzipien der aristokratischen Oberschicht verpflichtet ist.[29]

---

[27] J. A. Maravall a.a.O., S. 158 f., 763.

[28] Vgl. Fernando Lázaro Carreter: Para una revisión del concepto 'Novela picaresca' (wie N. 4), S. 224.

[29] Vgl. Richard Bjornson: *The picaresque Hero* (wie N. 18), S. 106 ff., bes. S. 111. Edmond Cros: *Ideología y genética textual: El caso del 'Buscón'*. Madrid 1980. Wegen seiner Parteinahme für die aristokratische Position hat man den „Buscón" gelegentlich als einen „historischen Rückschritt" gegenüber „Lazarillo" und „Guzmán" bezeichnet, vgl. Hans Gerd Rötzer: *Novela picaresca* und "Schelmenroman" (wie N. 11), S. 48 ff.

Anders wieder liegen die Dinge bei der *Pícara Justina*. Die Titelheldin bezeichnet sich selbst als „Begründerin des Schelmenlebens“ und gibt eine selbstbewußte und auftrumpfende Schilderung ihres wilden Treibens.[30] An die einzelnen Kapitel des Buches ist jeweils ein kurzes „Aprovechamiento“, eine Art moralisierender Kommentar angehängt, der sich formal und inhaltlich gegenüber der Erzählung des pikaresken Lebenslaufs sehr verselbständigt. Die Interpreten sind uneins darüber, ob diese belehrenden Passagen nur konventionelle Nebensache sind oder ob sie dem Ganzen den Charakter eines belehrenden Traktats geben.[31] Man hat sogar den Nachweis unternommen, daß die *Pícara Justina* wegen zahlreicher Anspielungen als eine Art Schlüsselroman für die spanische Hofgesellschaft zu verstehen ist, der die Bemühung mancher Adliger verhöhnt, ihre altchristliche Abstimmung nachzuweisen. Das geschieht, indem Justina zwar immer wieder auf ihre zweifelhafte Herkunft hinweist, zugleich aber für sich den Titel einer „hidalga“ beansprucht.[32]

Eine wieder andere Tendenz und eine deutliche Umformung zeigt der pikareske Roman bei Vicente Espinel im *Marcos de Obregón* von 1618. Der Held der Geschichte stammt aus verarmtem Kleinadel und bleibt frei von kriminel-

---

[30] Francisco López de Úbeda: *La Pícara Justina*. Hg. v. Antonio Rey Hazas. Madrid 1977. Bd. I, S. 168: „fundadora de la picardía“. S. 91: „Siendo pícara, es forzoso pintarme con manchas y mechas“.

[31] Vgl. einerseits Fernando Lázaro Carreter: Para una revisión del concepto „Novela picaresca“ (wie N. 4), S. 225; andererseits Rey Hazas im Vorwort zu der zitierten Edition, S 20. Siehe auch Sieglinde Chwastek: *Pikareske Persönlichkeitsentwicklung im spanischen Schelmenroman*. Idstein 1987, S. 266.

[32] Vgl. Marcel Bataillon: A propos de „La Pícara Justina“. Deutsche Übersetzung in: H. Heidenreich (Hg.): *Pikarische Welt*. Darmstadt 1969, S. 412 ff., hier S. 422 ff., bes. S. 430, 432 (zuerst frz. in der Festschrift für Fritz Schalk. Frankfurt 1963, S. 233 ff.). Ferner: Marcel Bataillon: Les nouveaux chrétiens dans l'essor du roman picaresque. *Neophilologus* 48 (1964), S. 283 ff., hier S. 289 ff.; Richard Bjornson: *The Picaresque Hero* (wie N. 18), S. 90.

len Neigungen, auch wenn er gelegentlich in prekären Lagen zu den pikarischen Mitteln der List und der Übertölpelung greift. Weil Marcos nie in radikalen Gegensatz zur gesellschaftlichen Ordnung gerät, weil er sich nicht mit kriminellen Handlungen durch die Welt schlägt und am Ende auch seinen Platz in der bestehenden Gesellschaft findet, hat man das Buch Espinels oft gar nicht mehr als Pícaro-Roman rubrizieren wollen, ja man hat in ihm bisweilen gar eine „antipikareske" Haltung gefunden.[33] Eine solche These scheint allerdings von einem allzu starren Gattungsbegriff auszugehen. Man sollte die Möglichkeit nicht ausschließen, daß sich innerhalb eines bestimmten literarischen Gattungsmusters einzelne Komponenten verändern oder daß ihm neue Darstellungsabsichten unterlegt werden.

Eben dies ist aber im *Marcos de Obregón* der Fall: Die autobiographische Erzählform ist beibehalten, auch die episodische Anlage, und der Protagonist wird in den Nöten eines mittellos absolvierten Wanderlebens vorgeführt, - und alles dies stiftet unübersehbare Affinitäten zu den früheren pikaresken Romanen, in deren Tradition sich Espinel ganz offensichtlich stellt, auch wenn er das Muster modifiziert und wenn er ihm eine neue Tendenz gibt.[34] Marcos selbst wird als Absicht seiner Lebenserzählung in den Mund gelegt, er wolle unbegüterten Escuderos durch sein Beispiel die Pflicht vor Augen führen, „die Hindernisse der Welt zu durchbrechen und den Gefahren der Zeit

[33] Gustav A. Alfaro: El despertar del pícaro. *RF* 80 (1968), S. 44 ff., hier S. 50 f.; Matthias Bauer: *Der Schelmenroman*. Stuttgart u. Weimar 1994, S. 68 f.

[34] Vgl. Fernando Lázaro Carreter: Para una revisión del concepto „Novela picaresca" (wie N. 4), S. 200: „Espinel ha transformado ciertos rasgos del género, pero sigue atraído por él; en otras palabras: sin la picaresca actuando como plano de referencia, el fino escritor rondeño no habría compuesto el *Obregón*." Vgl. auch Antonio Rey Hazas (wie N. 11), S. 82.

und der Fortuna die Brust zu bieten, um ehrenhaft und angesehen ein derart kostbares Geschenk wie das Leben zu bewahren."[35]

Die kurze Übersicht über einige wichtige pikareske Romane sollte zeigen, daß die Gattung schon sehr früh bei den verschiedenen Autoren divergierende Ausprägungen zeigt und daß es ein einheitliches, alle Werke bestimmendes Bild des Pícaro nicht gibt.[36] Die Figur kann offensichtlich ganz unterschiedlichen Darstellungsabsichten dienstbar gemacht werden, und gerade dies ermöglicht es, daß die Gattung auch in andere Nationalliteraturen und andere Epochen übergehen konnte, in denen die für die spanischen Verhältnisse zentral wichtige Problematik der „conversos" nicht existierte. Das zeigt sich beispielsweise bei der Übernahme des pikaresken Genres in Frankreich, am deutlichsten vielleicht bei der 1633 erschienenen Übersetzung des *Buscón*.[37] Es handelt sich um eine recht frei verfahrende trivialisierende Version, die Quevedos despektierlich behandelten Outcast mit sympathischen Zügen ausstattet und ihn am Ende als „honnête homme" in die gute Gesellschaft integriert.[38] Damit ist die Tendenz des spanischen Originals auf den Kopf gestellt. Erklären läßt sich das mit der Rücksicht auf ein anderes, von bürgerlichen Vorstellungen geprägtes Publikum, dessen

---

[35] Vicente Espinel: *Marcos de Obregón*. In: *Spanische Schelmenromane* (wie N. 5), Bd. II, S. 164. *Novela picaresca enspañola* (wie N. 15), Bd. I, S. 219: „Tengo de mostrar en mis infortunios y adversidades cuánto importa a los escuderos pobres, o poco hacendados, saber romper por las dificultades del mundo..."

[36] Richard Bjornson hat es unternommen, eine Typologie der spanischen Schelmenromane des 17. Jahrhunderts aufzustellen. Vgl. *The Picaresque Hero in European Fiction* (wie N. 18), S. 70 ff.

[37] *L'Aventurier Buscon, histoire facecieuse*. Der Übersetzer nennt sich La Geneste, was vermutlich ein Pseudonym für Paul Scarron ist. Vgl. Andreas Stoll: *Scarron als Übersetzer Quevedos. Studien zur Rezeption des pikaresken Romans „El Buscón" in Frankreich*. Frankfurt/M. 1970.

[38] Vgl. A. Stoll a.a.O., S. 107.

optimistische Weltsicht in einer Erfolgsgeschichte Bestätigung fand. Die Verspottung des nach gesellschaftlicher Anerkennung strebenden Pícaros im Namen der spanischen Ideologie der „honra" macht jetzt einer Folge unterhaltsam erzählter und glücklich endender Abenteuer Platz.[39]

In dieser Umformung des *Buscón* bei der Rezeption in Frankreich spiegelt sich eine Distanz zu den spanischen Schelmenromanen, die sich auch in Charles Sorels *Bibliotheque francaise* von 1667 manifestiert. Dort wird gegen die spanischen Beispiele als Einwand vorgebracht, daß sie nur ein Personal aus den niedrigsten Schichten der Gesellschaft vorführen. Ihnen gegenüber sollen die „romans comiques" der Franzosen den Vorzug haben, denn sie schildern „des hommes de bonne condition, subtils, genereux & agreables, & dont il n'y a point de deshonneur d'écrire les actions & les discours."[40]

Die hier zu beobachtende Wertung führte zu einer Veränderung des Pícaro auch in den französischen Übersetzungen des *Guzmán*, deren erste schon 1600 gedruckt wurde.[41] Auch die im 18. Jahrhundert erscheinenden Adaptionen wie die Lesages bieten sehr freie Bearbeitungen des Originals.[42] Vor

---

[39] Vgl. A. Stoll a.a.O., S. 248 - 276. Ferner Dieter Reichardt: *Von Quevedos „Buscón" zum deutschen „Aventurier"*. Bonn 1970, S. 47 ff., 72; Hans Gerd Rötzer: Die Metamorphosen des Píkaro. Einige Anmerkungen zur Wirkungsgeschichte des „Buscón". *Daphnis* X (1981), S. 262 ff.

[40] Zitiert nach: Günter Berger: *Der komisch-satirische Roman und seine Leser. Poetik, Funktion und Rezeption einer niederen Gattung im Frankreich des 17. Jhs.* Heidelberg 1984, S. 27.

[41] Vgl. Jean-Marie Valentin: Kulturtransfererscheinungen im Bereich der Literaturgeschichte am Beispiel des europäischen und deutschen Schelmenromans. In: Gisela Quast (Hg.): *Einheit in der Vielfalt.* Festschrift für Peter Lang. Bern 1988, S. 546 ff., hier S. 549.

[42] Lesages Überarbeitung erscheint 1732 und trägt den Titel *Histoire de Guzman d'Alfarache, nouvellement traduite, et purgée de moralitéz superflues*. Auch die 1734 in

diesem Hintergrund ist gut verständlich, daß das prominenteste Werk der französischen Literatur, das sich offen in die Tradition der spanischen Schelmengeschichten stellt, nämlich Lesages *Gil Blas de Santillane*, einen zwar gelegentlich strauchelnden, aber durchweg integren Helden in den Mittelpunkt der Geschichte stellt. Am Ende gelangt er zu Wohlstand, wird geadelt und zieht sich auf ein idyllisches Landschloß zurück. Man muß das Buch deshalb nicht „antipikaresk" nennen,[43] denn es findet ja mit seiner Tendenz im *Marcos de Obregón* durchaus eine Parallele. Aber sicherlich ist die Umformung des ursprünglichen pikaresken Erzählmusters in eine von moralischem Optimismus getragene Entwicklungsgeschichte dadurch zu erklären, daß Lesages Buch unter anderen epochalen Voraussetzungen, d.h. unter dem prägenden Einfluß einer frühbürgerlichen Mentalität geschrieben wurde.[44]

Nicht weniger tiefgreifend sind die Modifikationen, denen die Gattung des Pícaro-Romans bei ihrer Rezeption in Deutschland unterworfen war. Dafür bietet die erste Übersetzung des *Guzmán de Alfarache* durch den Bayrischen Hofsekretär Aegidius Albertinus gleich ein deutliches Beispiel. Er kürzt den ersten Teil des spanischen Textes radikal, bezieht die falsche Fortsetzung von Juan Martí ein und fügt einen umfangreichen Teil ganz aus eigener Erfindung an. Hier kommt Gusman fast gar nicht mehr zu Wort, denn über Hunderte von Seiten hinweg mahnt ein frommer Einsiedler zu „poenitentz und Buß" und beschreibt in allegorisierender Weise die 24 „requisita" für den

---

Paris erschienene *Histoire de l'admirable Don Guzman d'Alfarache* verfährt sehr eigenwillig und merzt alle vermeintlichen Anstößigkeiten aus.

[43] So z.B. Harry Sieber: *The Picaresque*. London 1977, S. 70.

[44] Vgl. Andreas Stoll: Wege zu einer Soziologie des pikaresken Romans. (wie N. 12), S. 461 ff., hier S. 503 ff.

geistlichen Pilger auf seiner Lebensreise.[45] Der letzte Satz des Buches erst lenkt den Blick auf die nicht mehr erzählte Pilgerfahrt nach Jerusalem, die Gusman nach Verbüßung seiner Galeerenstrafe auferlegt worden ist.

Aegidius Albertinus hat in seiner Version des *Guzmán* die erbaulichen und belehrenden Momente beherrschend in den Vordergrund treten lassen. Die im ersten Teil geschilderte Pícaro-Laufbahn ist als Folge von Sündenfällen interpretiert, denen Gusman sich aus moralischer Schwäche nicht entziehen kann. Auch nach einem Aufenthalt im Kloster wird er „widerumb der jenig/der ich von anfangs meiner zarten jugendt gewest/nemblich ein Störtzer, Landtläuffer/und nichtiger Schelm".[46] Erst das Bekehrungserlebnis bei dem Eremiten bringt Gusman auf die Bahn des Heils. Indem Aegidius Albertinus den Roman zu einer religiösen Exempel-Erzählung mit stark didaktischen Zügen macht, verliert er gegenüber dem spanischen Original an erzählerischer Farbigkeit. Immerhin kann man geltend machen, daß umfangreiche moralisierende Passagen und die Belehrung am Ende schon bei Mateo Alemán zu finden sind.[47]

---

[45] *Der Landstörtzer: Gusman von Alfarche oder Picaro genannt* [...]. Durch Aegidium Albertinum, Fürstl: Durchl: in Bayrn Secretarium, theils auß dem Spanischen verteutscht/theils gemehrt und gebessert. München 1615 (Repr. Hildesheim/New York 1975), S. 506 ff., 565 ff., bis S. 722.

[46] Albertinus: *Gusman,* a.a.O., S. 446.

[47] Man hat daher gelegentlich die Meinung vertreten, die Änderungen des Textes durch den Bearbeiter Aegidius Albertinus beträfen nicht den Kern des Werks; vgl. z.B. J. M. Valentin (wie N. 41), S. 551 und Guillaume van Gemert: Gibt es einen deutschen Pícaro-Roman im 17. Jh.? In: Albrecht Schöne (Hg.): *Akten des VII. Internat. Germanisten-Kongresses Göttingen 1985*. Bd. 9. Tübingen 1986, S. 103 ff., hier S. 106 f. Es ist jedoch einleuchtender, wenn angesichts der Zurückdrängung der epischen Elemente zugunsten der belehrenden (besonders im zweiten Teil des Romans) von einer „Entliterarisierung" des „Guzmán" durch Aegidius Albertinus gesprochen wird. So Jean-Marie Valentin: *Französischer „Roman comique" und deutscher Schelmenroman*. Rhein.-Westf. Akademie der Wissenschaften. Vorträge G 315. Opladen 1992, S. 10.

Bezeichnend für die Art der Rezeption des Schelmenromans in Deutschland ist auch, daß die erste, 1617 im Druck erschienene Übersetzung des *Lazarillo* sich nicht auf den Urtext stützt, sondern auf den unter dem Druck der Inquisition geänderten *Lazarillo castigado*, der die Kleriker-Kritik zurücknimmt. Der deutsche Übersetzer geht noch über die in Spanien erzwungenen Korrekturen hinaus, wenn er aus dem verlotterten Erzpriester einen ledigen Adligen macht und Lazarillo am Ende wegen seines Fleißes und seiner Treue zum königlichen Amtmann avancieren läßt. Damit ist dem Werk offensichtlich alle kritische Schärfe ausgetrieben.

Besondere Probleme mußten sich bei der Rezeption der *Pícara Justina* ergeben. Denn das „Ehren"-Problem, das mit der Frage neuchristlicher Abstammung verbunden war, und die Anspielungen auf spanische Hofverhältnisse konnten bei deutschen Lesern kaum auf Verständnis treffen. Der Erfolg, den die auf einer italienischen Übersetzung fußende deutsche Fassung des Romans hatte, ist erstaunlich (es erschienen sechs Auflagen im Laufe des 17. Jahrhunderts). Man hat diese Resonanz damit zu erklären versucht, daß die Selbstdarstellung der Pícara wegen mancher parodistischer Anklänge an Heiligen-Viten als Angriff auf die katholische Religion verstanden worden sei und deshalb bei protestantischen Lesern Anklang gefunden habe.[48] Aber diese These bedürfte wohl noch genauerer Nachweise.

Erst bei Grimmelshausen findet sich in der deutschen Literatur eine eigenständige Fortsetzung der pikaresken Erzähltradition. Daß der Auor des Simplicianischen Romanzyklus die deutschen Adaptionen des *Guzmán* und

---

[48] So Ulrich Stadler: Parodistisches in der 'Justina Dietzin Pícara'. *Arcadia* 7 (1972), S. 158 ff.

der *Pícara Justina* gekannt hat, dürfte außer Zweifel stehen.[49] Allerdings hat sich die neuere Forschung zum *Simplicissimus* vor allem bemüht, die Deutbarkeit des Romans nach dem Prinzip des mehrfachen Schriftsinns oder die Wirkungen der Emblematik, der Zahlensymbolik und astrologischer Vorstellungen nachzuweisen.[50] Aber ganz offensichtlich ist der Vordergrund des epischen Vorgangs in Büchern wie dem *Simplicissimus* oder der *Courasche* durch das Muster des pikaresken Erzählens bestimmt. Denn Simplicius ist ein umgetriebener Außenseiter in einer chaotischen Welt, er bedient sich nach seiner Initiation in die heillosen Bräuche seiner Mitmenschen auch selbst bedenklicher Mittel wie der Täuschung, er begeht immer neue „Schelmenstücke" und rechnet sich zu den „Landstörtzern".[51]

Wie schon Guzmán in der deutschen Bearbeitung des Aegidius Albertinus, so wird auch Simplicius zu einer Demonstrationsfigur für die Weltverfallenheit des Menschen und die Notwendigkeit einer Orientierung auf das Heil im Jenseits. Die Interpreten haben oft festgestellt, daß die Gestalt des Simplicius nicht mit differenzierter Psychologie entwickelt ist, sondern daß sie als „repräsentative Universalfigur", das heißt: als Medium zur Darstellung einer

---

[49] Vgl. zu dieser Frage etwa Gerhart Hoffmeister: Grimmelshausens „Simplicissimus" und der spanisch-deutsche Schelmenroman. *Daphnis* V (1976), S. 273 ff., hier S. 286 ff.; Hans Gerd Rötzer: *Pícaro-Landstörtzer-Simplicius*. Darmstadt 1972, S. 129 ff.; Ulrich Stadler (wie N. 48), S. 159 f.

[50] Vgl. etwa Siegfried Streller: *Grimmelshausens Simplicianische Schriften. Allegorie, Zahl und Wirklichkeitsdarstellung*. Berlin 1957. Clemens Heselhaus: Grimmelshausen, Der abenteuerliche Simplicissimus. In: B. v. Wiese (Hg.): *Der deutsche Roman*. Bd. I. Düsseldorf 1963, S. 15 ff.; Günther Weydt: Planetensymbolik im barocken Roman. Versuch einer Entschlüsselung des „Simplicissimus Teutsch". *Doitsu Bungaku* 36 (1966), S. 1 ff.; Günther Weydt: *J. H. Ch. v. Grimmelshausen*. 2. Aufl. Stuttgart 1979. Peter Heßelmann: *Gaukelpredigt. Simplicianische Poetologie und Didaxe*. Frankfurt/M. u.a. 1988. Hier auch eine ausführliche Bibliographie zu Grimmelshausen.

[51] Grimmelshausen: *Der Abentheurliche Simplicissimus Teutsch*. Hg. v. Rolf Tarot. Tübingen 1967, S. 203, 510.

religiösen Wahrheit verstanden werden muß.[52] Die Folge der Abenteuer und Streiche und der rasche Wechsel von Glück und Unglück beweisen die Flüchtigkeit und Nichtigkeit der irdischen Existenz.

Allerdings ist auch bei Grimmelshausen jene Ambivalenz spürbar, die schon in einigen spanischen Pícaro-Romanen zu registrieren war: Die erzählerische Lust an der Drastik mancher Episoden und an der Dreistigkeit mancher Schelmenstreiche steht in offenem Gegensatz zu der frommen Mahnung, sich von der Welt abzukehren und allen sündhaften Neigungen zu entsagen.[53] Diese innere Spannung des Werks ergibt sich aus der Neigung zu panoramatisch breiter, satirisch gefärbter Weltdarstellung, die den pikaresken Erzählwerken eigen ist und die eine wesentliche Komponente ihrer epischen Substanz ist. Im übrigen kann Simplicius selbst, auch wenn er auf seine „Bubenstücke" reuevoll zurückblickt, bei der erzählenden Vergegenwärtigung von den verführerischen Reizen seiner finsteren Erlebnisse nicht ganz absehen. So berichtet er beispielsweise von einigen losen Streichen aus seiner Zeit als „Jäger von Soest", obwohl sie zur moralischen Erbauung des Lesers nichts beitragen. Er entschuldigt das mit der Bemerkung: „Ob sie [die „Stücklein"] schon nicht von *importanz* seyn/sind sie doch lustig zu hören".[54] An solchen Stellen tritt die Absicht geistlich-moralischer Belehrung zurück und schafft sich die Freude an einem weltzugewandten, amüsanten Erzählen Raum.

---

[52] Vgl. z.B. Hans Gerd Rötzer: *Pícaro-Landstörtzer-Simplicius* (wie N. 49), S. 132.
[53] Vgl. dazu etwa Gerhart Mayer: Die Personalität des Simplicius Simplicissimus. Zur Einheit von Gestalt und Werk. *ZfdtPh.* 88 (1969), S. 497 ff., hier S. 513 f. Eine ähnliche Beobachtung in Hinblick auf das „Wunderbarliche Vogel=Nest" macht Jürgen H. Petersen: Formen der Ich-Erzählung in Grimmelshausens Simplicianischen Schriften. *ZfdtPh.* 93 (1974), S. 481 ff., hier S. 487 ff.
[54] Grimmelshausen: Simplicissimus (wie N. 51), S. 188.

Auch die anderen Teile des Simplicianischen Zyklus sind formal und inhaltlich von der pikaresken Tradition geprägt. Die *Landstörtzerin Courasche* beispielsweise knüpft hier schon mit ihrem Titel an, ferner bedient sich das Buch der autobiographischen Form, und es berichtet in zahlreichen Episoden von einem wilden Schelmenleben. Aber hier spricht - wie schon in der *Pícara Justina* - eine verstockte Sünderin: Sie prahlt mit ihren Untaten und weist den Gedanken an Reue und Belehrung mit höhnischem Gelächter zurück.[55] Durch solche auftrumpfenden Tiraden wird der Leser in Distanz zu der maßlosen Pícara gehalten, ebenso wie durch die erschreckende Brutalität, mit der sie in der Schlacht wütet, oder durch die Bedenkenlosigkeit, mit der sie einen Pakt mit sinistren Mächten schließt.[56]

Auf die Lebensbeschreibung der „Ertzbetrügerin und Landstörtzerin" hat man - genau wie im Fall des *Simplicissimus* - die Lehre vom vierfachen Schriftsinn und das astrologische Deutungsschema anwenden wollen.[57] Andere Interpreten haben in der Geschichte der Courasche ein Dokument weiblicher Emanzipation entdeckt, das in der *Pícara Justina* und in der *Moll Flanders* Daniel Defoes eine Parallele finden soll. Alle diese Frauengestalten - so die These - erheben sich in „triumphalen Laufbahnen" gegen die Tyrannei der Männer. Die Courasche Grimmelshausens sei daher, und zwar gegen

[55] Grimmelshausen: *Trutz Simplex: Oder Ausführliche und wunderseltzame Lebens=Beschreibung Der Ertzbetrügerin und Landstörtzerin Courasche*. Hg. v. W. Bender. Tübingen 1967, S. 17 f.

[56] Grimmelshausen: Courasche, a.a.O., S. 45, 98 f.

[57] Vgl. z.B. Matthias Feldges: *Grimmelshausens „Landstörtzerin Courasche". Eine Interpretation nach der Methode des vierfachen Schriftsinns*. Bern 1969. Klaus Haberkamm: 'Sensus astrologicus' auch in Grimmelshausens 'Courasche'? *Daphnis* V (1976), S. 343 ff.

ihre eigene Intention und gegen die des Autors als Begründerin einer neuen sozialen Ordnung im Zeichen einer freien Weiblichkeit zu verstehen.[58]

Auch wenn man einräumt, daß die Landstörtzerin wegen ihrer unbändigen Vitalität und trotzigen Unbeugsamkeit und wegen ihrer Lust am Abenteuer durchaus auch faszinierende Seiten haben mag,[59] so bleibt sie doch eine negativ bewertete, ja abschreckende Gestalt. Die Kriegsfurie und „verlassene Soldaten=Hur", als die sie sich selbst bezeichnet,[60] weist die Vorstellung einer reuigen Umkehr höhnisch zurück, bekennt sich offen zu ihrer Habgier und zu „ohnersättlichen fleischlichen Begierden",[61] weshalb sie denn doch kaum als Vorkämpferin einer zu wahrer Humanität befreiten Weiblichkeit gelten kann. Im Gegenteil: Die „Zugab des Autors" am Ende des Buches stellt eindeutig klar, daß der Leser in der Courasche eine verfehlte und gefährliche Existenz sehen soll.

Stellt man Simplicius und Courasche nebeneinander, so erkennt man, daß die Gestalt des Schelms bzw. der Schelmin ganz unterschiedlich ausgestaltet werden kann. Wie schon bei den spanischen Autoren fehlt offensichtlich auch bei Grimmelshausen ein einheitliches Wertungskonzept für die Protagonisten pikaresker Romane. Gemeinsam ist diesen Figuren immerhin ihre Position als Außenseiter mit einer Neigung zu kriminellen und moralisch bedenklichen Eskapaden, ihr episodenreicher Lebensweg und ihr Drang, diesen Lebensweg erzählend zu rekapitulieren.

---

[58] So Jean-Daniel Krebs: La picara, l'aventurière, la pionnière. *Arcadia* 24 (1989), S. 239 ff., hier S. 242, 250. Vgl. auch Chwastek (wie N. 31), S. 326 ff.

[59] Vgl. M. Feldges (wie N. 57), S. 77, 189. P. Heßelmann (wie N. 50), S. 281.

[60] Grimmelshausen, *Courasche*, a.a.O., S. 52.

[61] Grimmelshausen, a.a.O., S. 62.

Die Offenheit und Flexibilität der Gattung, die offensichtlich nicht auf ein rigides Schema festgelegt werden kann, insbesondere die Möglichkeit, die Figur des Pícaro ganz unterschiedlichen Deutungen zu unterziehen, hat den Übergang des pikaresken Romans aus der spanischen in andere Nationallite-raturen und in andere Epochen ermöglicht. Nachdem die Gattung im späten 18. und im 19. Jahrhundert weitgehend verschwunden war, hat sie erst in neueren Zeiten bei Autoren wie Thomas Mann, Albert Vigoleis Thelen, Günter Grass und Gerold Späth eine eindrucksvolle Wiedergeburt erlebt.

Bildungsroman und Pícaro-Roman

Versuch einer Abgrenzung

I

Bei Literaturhistorikern und Kritikern sind die Begriffe „Bildungsroman“ und „Pikaroroman“ gang und gäbe. Auch wenn natürlich einzelne Kriterien der Gattungsdefinitionen strittig sind - wie das in einer notorisch unexakten Wissenschaft nicht anders sein kann -, so verwendet man doch die beiden Begriffe in dem Bewußtsein, deutlich unterscheidbare Typen des Romans mit jeweils eigenen Traditionen vor sich zu haben.

Bei näherem Hinsehen zeigt sich jedoch, daß die Schwierigkeiten einer Abgrenzung größer sind, als der landläufige Sprachgebrauch vermuten läßt. Goethes *Wilhelm Meister*, der als Prototyp des Bildungsromans gilt, wurde bereits von Schiller neben den *Gil Blas* gestellt, neben ein Buch also, das in mancher Hinsicht ganz offen an die älteren spanischen Schelmenromane anknüpft.[1] Auch die Literaturwissenschaft rückt die beiden Romantypen bisweilen sehr eng zusammen. Wolfgang Kayser zum Beispiel bestimmte den Pikaroroman wegen seiner Tendenz, in einer Episodenfolge ein panoramatisches Bild der Welt auszubreiten, als eine Ausprägung des „Raumromans“, und er stand nicht an, den Goetheschen *Wilhelm Meister* dieser Kategorie zuzurechnen.[2] Für Claudio Guillén ist der Bildungsroman überhaupt nur ein Unterfall des pikaresken Genres:

---

[1] Vgl. die Bemerkung Goethes gegenüber dem Kanzler von Müller am 29.V.1814.

[2] W. Kayser: *Das sprachliche Kunstwerk.* 12. Aufl. Bern/München 1967, S. 363 f.; vgl. ferner: W. Kayser: *Entstehung und Krise des modernen Romans.* 3. Aufl., Stuttgart 1961 (zuerst in *DVJs* 28/1954), S. 24.

> Although, of course, the *Bildungsroman* has a peculiar significance within German culture, it is utterly false to pretend, as some critics have, that only German picaresque novels are, in the broader sense of the term too, *Bildungsromane*.[3]

Er begründet diese Auffassung mit der These, daß auch der Pikaro sich entwickle und lerne. Schon in *Lazarillo* erkennt er

> an early figuration of the freedom and the quest that are the burden of modern novellistic heroes. There is no doubt but that *Lazarillo* inaugurated with singular skill [...] the presentation of the hopes and failures of the men who, orphanlike but inquiring, far removed in practice from any abstract canon, test their knowledge as they grow older and confront or work out the compromises that will determine their lives.[4]

Auch David H.Miles will im Helden der Goetheschen *Lehrjahre* einen Pikaro erkennen, wobei ihm Wilhelm Meisters vermeintliche Entwicklungslosigkeit und sein Mangel an Reflexionsbedürfnis zu den entscheidenden Bestimmungskriterien werden.[5] Wenn Miles allerdings selbst anmerkt, er verwende den Begriff *picaro* „in a slightly idiosyncratic sense“,[6] so deutet er damit an, daß seine Terminologie (mit der er die Wandlungen des Bildungshelden von Goethe über Gottfried Keller bis zum 20. Jahrhundert erfassen will) für eine Abgrenzung von Pikaro- und Bildungsroman nicht hilfreich sein kann.

Die Schwierigkeiten einer deutlichen begrifflichen Unterscheidung der beiden Romantypen ergeben sich aus der Sache: Beide schildern die Lebensgeschichte einer zentralen Figur und richten ihr Hauptinteresse auf das

---

[3] Claudio Guillén: „Toward a Definition of the Picaresque“. In: C. G.: *Literature as System*. Princeton 1971, S. 80 f.
[4] Claudio Guillén: „Genre and Countergenre: The Discovery of the Picaresque.“ In: C. G.: *Literature as System*. Princeton 1971, S. 141.
[5] D. H. Miles: „The Picaro's Journey to the Confessional: The Changing Image of the Hero in the German Bildungsroman.“ In: *PMLA*, 89 (1974), S. 980 f.
[6] D. H. Miles: a.a.O., S. 991, (wie N. 5).

Verhältnis ihrer Helden zur sozialen Umwelt. Weil der Pikaro ebenso wie der Protagonist einer Bildungsgeschichte durch bestimmte Weltausschnitte hindurchgeführt wird, zeigen beide Erzähltypen in der Tat eine deutliche Tendenz zu dem von Wolfgang Kayser beschriebenen Typus des „Raumromans“. Allerdings stehen solchen sehr allgemeinen Affinitäten denn doch deutliche Unterschiede gegenüber, die eine Sonderung von Pikaro- und Bildungsroman als begründet und sinnvoll erscheinen lassen.

II

Differenzen zeigen sich zunächst in der Anlage der zentralen Figuren. Der Pikaro ist ein Außenseiter, der mit Wendigkeit und ohne große moralische Skrupel um sein Überleben und um soziale Anerkennung kämpft. Es sind die Not und die Aussperrung aus der etablierten sozialen Ordnung, die ihn zum Schelm machen. Die pikaresken Romane selbst lassen an diesem Zusammenhang keinen Zweifel: „Pobreza y picardía salieron de una misma cantera“, heißt es zu Beginn der *Pícara Justina*.[7] Und Guzmán berichtet, daß er sich zur Laufbahn des Bettlers, Falschspielers und Diebs entschließt, als er sich mittellos und abgerissen in Madrid wiederfindet: „Viéndome perdido, comencé a tratar el oficio de la florida picardía.“[8]

Umstritten ist unter den Historikern und Interpreten des pikaresken Romans, ob dessen Held sich im Gang der Erzählung entwickelt und ob er aus seinen

---

[7] López de Úbeda: *La pícara Justina*. In: *La novela picaresca española*. Hrsg. von A. Valbuena Prat. Madrid 1956, S. 713. Deutsche Übersetzung: Armut und Schelmerei kommen aus demselben Steinbruch.

[8] Mateo Alemán: *Guzmán Alfarache*. In: *La novela picaresca española* (wie N. 7), S. 300. Deutsche Übersetzung in: *Spanische Schelmenromane*. Hrsg. von H. Baader. München

Erfahrungen lernt.[9] Man wird bei der Beantwortung dieser Frage genau unterscheiden müssen. Unbestreitbar ändert der Pikaro seine ursprünglich naive Haltung, wenn ihm die Schlechtigkeit der Welt aufgeht und ihm bewußt wird, daß er im frommen Glauben an die Tugend nicht überleben kann. Eine Reihe pikaresker Helden wie Guzmán oder Simplicius erleben später eine zweite Wendung, die sie von der Schelmenlaufbahn wieder abbringt und zu deren moralisch-religiös begründeter Verurteilung führt.[10] Zwischen diesen beiden Zäsuren ihrer Existenz, das heißt also während ihres mit Zähigkeit und moralischer Unbedenklichkeit durchfochtenen Kampfes ums Überleben, ändern die Pikaros ihre Haltung nicht. Wenn sie lernen, dann nur wie *Lazarillo:*

> Como la necesidad sea tan gran maestra, viéndome con tanto siempre, noche y día estaba pensando la manera que tenía en sustentar el vivir. Y pienso, para hallar estos negros remedios, que me era luz la hambre, pues dicen que el ingenio con ella se avisa y al contrario con la hartura.[11]

Simplicissimus gewinnt zwar aus dem abenteuerlichen Auf und Ab seines Soldatenlebens die Lehre, „daß nichts beständigers in der Welt ist / als die

---

1964. Bd. I, S. 216: Als ich sah, daß ich verloren war, ergriff ich das Handwerk der blühenden Schelmerei.

[9] Vgl. einerseits Guillén: *Toward a Definition of the Picaresque* (wie N. 3), S. 80, 82: „The hero of the mainstream picaresque novel *does* grow, learn, and change.“ Und: „The pícaro as an 'ongoing' philosopher, as a constant discoverer and rediscoverer, experimenter and doubter where every value or norm is concerned, never ceases to learn.“ - Andererseits meint Robert Alter in seinem Buch *Rogue's Progress. Studies in the Picaresque Novel.* Cambridge/Mass. 1964, S. 31, 69: „The picaroon is, of necessity, a fixed undeveloping character.“ Und: „It is part of the picaresque convention that experience should never substantially alter the given character of the hero“.

[10] Vgl. dazu meinen Beitrag *Das Erwachen des Schelms* in diesem Band.

[11] *Lazarillo de Tormes*: In: *La novela picaresca española* (wie N. 7), S. 94. Deutsche Übersetzung in: *Spanische Schelmenromane* (wie N. 8), Bd. I, S. 31: Aber die Not ist eine große Lehrmeisterin, und da die meine nicht aufhören wollte, sann ich Tag und Nacht darauf, wie ich mein Leben fristen könnte; und gewiß hat der Hunger mich erleuchtet, damit ich all die

Unbeständigkeit selbsten."[12] Aber er ist zunächst nicht in der Lage, aus dieser Erkenntnis die moralisch-religiöse Konsequenz zu ziehen. Bei der Niederschrift seiner Lebensgeschichte betont er immer wieder die Verstocktheit, mit der er bei seinem pikaresken Glücksrittertum bleibt: „Ich lebt eben dahin wie ein Blinder / in aller Sicherheit / und wurde länger je hoffärtiger." Oder: „Aber ich Narr hörete nicht / was vielleicht damals verständige Leute von mir hielten / oder meine Mißgönner von mir sagten."[13]

Der Pikaro lernt also nach seiner Initiation in die schlechte Welt nur die Tricks der Selbstbehauptung. Einen Prozeß moralischer Erziehung und persönlicher Reifung durchläuft er nicht. Der Held einer Bildungsgeschichte dagegen nimmt eine andere Bahn: Zwar verfällt er Irrtümern und begeht Fehltritte, aber seine grundsätzliche Verpflichtung auf die Normen der Moral steht nie in Zweifel. Ein pikaresker Lebensstil, der sich auf eine gewitzte Kleinkriminalität gründet, stünde den Bildungshelden wie Agathon, Heinrich Drendorf oder dem Grünen Heinrich schlecht an. Immerhin bleiben ihnen in aller Regel Phasen der Desorientierung und des Zweifels nicht erspart. Aber sie finden von ihren Abwegen zurück und integrieren ihre Lebensirrtümer in einen Prozeß des Lernens und Reifens, an dessen Ende der Zuruf stehen kann: „Heil dir, junger Mann! Deine Lehrjahre sind vorüber; die Natur hat dich losgesprochen."[14] Das dominierende Erzählinteresse dieser Romane richtet sich darauf, die phasenweise fortschreitende Bildungsgeschichte ihrer

---

dunklen Auswege fand, denn es heißt ja, er schärfe den Geist, während Völlerei ihn abstumpfe.

[12] Grimmelshausen: *Der Abentheurliche Simplicissimus*. Hrsg. von R. Tarot. Tübingen 1967, S. 224.

[13] Grimmelshausen: a.a.O., S. 236, 239 u.ö.

[14] Goethe: *Wilhelm Meisters Lehrjahre*. Hamburger Ausgabe. 6. Aufl. 1965. Bd. VII, S. 467.

Helden in ihrem inneren und äußeren Zusammenhang darzustellen. Wielands *Agathon* will - wie der Erzähler selbst in einer programmatischen Bemerkung klarstellt - am Beispiel seines Helden vorführen,

> wie ein solcher Mann - so gebohren - so erzogen - mit solchen Fähigkeiten und Dispositionen - mit einer solchen besonderen Bestimmung derselben - nach einer solchen Reihe von Erfahrungen, Entwiklungen und Veränderungen - in solchen Glüks-Umständen - an einem solchen Ort und in einer solchen Zeit - in einer solchen Gesellschaft - unter einem solchen Himmels-Strich - bey solchen Nahrungs-Mitteln (denn auch diese haben einen stärkern Einfluß auf Weisheit und Tugend, als sich manche Moralisten einbilden) - bey einer solchen Diät - kurz, unter solchen gegebenen Bedingungen [...] ein so weiser und tugendhafter Mann habe seyn können.[15]

Die Ausrichtung auf ein harmonisches Ende, in dem der Protagonist der Geschichte einen fruchtbaren Kompromiß zwischen seinen Aspirationen und der vorgefundenen Ordnung erreicht, bestimmt die Form des Bildungsromans: Die einzelnen Abschnitte des erzählten Vorgangs sind Stufen eines Werdens, Phasen einer zielgerichteten Entwicklung.[16] Von dieser teleologischen Orientierung der Bildungsgeschichte unterscheidet sich deutlich die episodische Struktur des Pikaroromans. Der Schelm gerät in immer neue und doch ähnliche Situationen, in denen er sich gegen die feindliche Welt zur Wehr setzt und sich als Außenseiter soziale Anerkennung und die Möglichkeit des Überlebens erkämpft. Einen individuellen Entwicklungsgang, der durch die

[15] Ch. M. Wieland: *Geschichte des Agathon.* Unveränderter Abdruck der Editio princeps. Bearbeitet von K. Schäfer. Berlin 1961, S. 380.

[16] Wenn einzelne Interpreten bestritten haben, daß Agathon oder Wilhelm Meister im Fortgang ihrer Geschichte eine Entwicklung durchmachen, dann beruhen solche Fehldeutungen in der Regel darauf, daß man sich mit einer vorgefertigten Vorstellung von menschlicher Entwicklung oder Bildung den Romanen näherte und sich auf deren jeweils unterschiedliche Konzepte nicht einließ. - Vgl. zu Wielands *Agathon* etwa W. Paulsen: *Christoph Martin Wieland.* Bern/München 1975, S. 157, 160 (kritisch dazu J. Jacobs in *ZfdtPh*, 96 [1977], S. 287 ff.) und Gerd Hemmerich: *Ch. M. Wielands „Geschichte des Agathon“.* Nürnberg 1979, S. 11. - Entsprechende Thesen zu den Goetheschen *Lehrjahren* bei D. H. Miles (wie N. 5), S. 983 f. oder K. Schlechta: *Goethes Wilhelm Meister.* Frankfurt 1953.

produktive Wechselwirkung von Ich und Welt vorangetrieben würde, durchlaufen weder Guzmán noch Simplicius oder Felix Krull.

Dem entspricht es, daß die beiden Typen des Romans auch höchst unterschiedliche Bilder der Gesellschaft entwerfen. Die Welt, durch die sich der Pikaro bewegt, ist korrupt und zwingt dem einzelnen ihre Schlechtigkeit auf. Das Gute hat in ihr - wie Guzmán erkennen muß - keine Stelle:

> No hallarás hombre con hombre; todos vivimos en asechanza los unos de los otros, como el gato para el ratón o la araña para la culebra, que hallándola descuidada se deja colgar de un hilo y asiéndola de la cerviz la aprieta fuertemente, no apartándose della hasta que con su ponzoña la mata.[17]

In einer solchen Welt herrschen notwendig die Bosheit und die Gaunerei: „Y no hay estado más dilatado que el de los pícaros, porque todos dan en serlo y se precian dello."[18] Die gleiche desillusionierte Erkenntnis führt Quevedos Buscón zu dem Entschluß „de ser bellaco con los bellacos, y más, si pudiese, que todos."[19]

Ganz anders erscheint die Welt im Bildungsroman. Zwar ist sie nicht frei von Täuschungen, gefährlichen Verlockungen und Bosheit. Aber sie erlaubt doch,

---

[17] Mateo Alemán: *Guzmán de Alfarache.* In: *La novela picaresca española* (wie N. 7), S. 308. Deutsche Übersetzung in: *Spanische Schelmenromane* (wie N. 8), Bd. I, S. 235: Du findest keinen Mensch unter Menschen; wir alle stellen im Leben dem anderen nach wie die Katze der Maus oder wie die Spinne der Schlange; sobald sie entdeckt, daß diese unvorsichtig ist, läßt sie sich an einem Faden herab, ergreift sie im Nacken, drückt sie heftig und läßt nicht von ihr ab, bis ihr Griff sie tötet.

[18] Mateo Alemán: *Guzmán,* a.a.O., S. 231. Deutsche Übersetzung in: *Spanische Schelmenromane* (wie N. 8), Bd. I, S. 264: Es gibt keinen verbreiterten Stand als den Stand der Schelme, denn alle werden es und rühmen sich dessen.

[19] Francisco de Quevedo: *Historia de la vida de Buscón.* In: *La novela picaresca española* (wie N. 7), S. 1106. Deutsche Übersetzung in: *Spanische Schelmenromane* (wie N. 8), Bd. II, S. 45: ... mit den Schurken ein Schurke zu sein und wenn möglich, ein größerer noch als alle zusammen.

daß der Protagonist der Geschichte zu sich selbst findet und die Aussicht auf eine anerkannte Position in der Gesellschaft und auf ein Leben in produktiver Tätigkeit gewinnt. Allerdings bleibt es eine Ausnahme, daß die Welt sich dem Bildungshelden so wohlgeordnet, förderlich und komplikationslos präsentiert wie Heinrich Drendorf in Stifters *Nachsommer*. In jedem Fall aber spielt die Bildungsgeschichte - entsprechend ihrer optimistischen Orientierung auf einen harmonischen Schluß - vor der Folie eines Weltzusammenhangs, der dem einzelnen zum Medium der Selbsterprobung und Selbstverwirklichung werden kann. Der Kontrast zur pessimistischen Weltdarstellung der pikaresken Romane kann kaum schärfer gedacht werden.

III

Aus den oben erwähnten Affinitäten zwischen Pikaro- und Bildungsroman ergibt sich, daß im Hinblick auf einzelne Texte Rubrizierungsprobleme auftreten können. Einer der umstrittensten Fälle dürfte Lesages *Gil Blas* sein. Weil der Held dieses Buches am Ende ein idyllisches Familienglück auf einem Landgut erreicht und ihm die Durchtriebenheit der älteren Pikaros zu fehlen scheint, haben manche Interpreten den *Gil Blas* nicht mehr als Schelmenroman anerkennen wollen, ja manche sahen in ihm ein „antipikareskes Werk“ oder eine Art Bildungsroman.[20]

In der Tat zeigen sich bei Lesage deutliche Differenzen zu den wichtigeren spanischen Mustern. Weder Lazarillo noch Guzmán oder gar Pablos errei-

---

[20] Vgl. z. B. R. Alter: *Rogue's Progress* (wie N. 9), S. 32. Harry Sieber: *The Picaresque*. London 1977, S. 49. Andreas Stoll: “Wege zu einer Soziologie des pikaresken Romans“. In: H. Baader und E. Loos (Hrsg.): *Spanische Literatur im Goldenen Zeitalter. Festschrift für Fritz Schalk zum 70. Geburtstag*. Frankfurt 1973, S. 503 f.

chen aufgrund moralischer Besinnung ein weltliches Glück wie Gil Blas. Immerhin läßt sich der Herzog von Lerma durch einen verharmlosenden und beschönigenden Lebensbericht nicht darüber täuschen, daß Gil in die Nähe der Schelme gehört: „Monsieur de Santillane, me dit-il en souriant à la fin de mon récit, à ce que je vois, vous avez été tant soit peu picaro." Diese Bemerkung läßt Gil Blas vor Scham erröten, womit sich zeigt, daß er seine Tugend keineswegs ganz verloren hat. Der Herzog beurteilt deshalb die pikareske Laufbahn des jungen Mannes mit Milde: „Je m'étonne que le mauvais exemple ne t'ait pas entièrement perdu. Combien y a-t-il d'honnêtes gens qui deviendraient de grands fripons, si la fortune les mettait aux mêmes épreuves!"[21] Auch wenn Gil Blas immer wieder den Versuchungen und Anfechtungen erliegt, läßt er sich seine moralische Integrität nie ganz austreiben. Am Ende wendet er sich entschlossen von der turbulenten Welt seiner Abenteuer ab und läßt mit goldenen Lettern über die Tür seines komfortablen und sicheren Hauses schreiben: „Inveni portum. Spes et Fortuna valete! / Sat me lusistis; ludite nunc alios."[22]

Bei allen unverkennbaren Unterschieden zu den älteren Beispielen pikaresken Erzählens bestehen indessen auch deutliche, vom Autor bewußt gezogene Parallelen: Das Buch spielt in spanischem Dekor und lebt so sehr aus den Motiven des pikaresken Genres, daß es von Voltaire und vielen Späteren für ein Plagiat gehalten wurde.[23] Auch neuere Beurteiler noch sehen in ihm „eine Summe spanischer Erzählliteratur".[24] Umstritten ist nun unter

[21] Alain René Lesage: *Histoire de Gil Blas de Santillane*. In: Etiemble (Hrsg.): *Romanciers du XVIIIe Siècle*. Paris 1960. Bd. I, S. 933.
[22] Lesage: *Gil Blas*, a.a.O., S. 1023.
[23] Vgl. Voltaire: *Siècle de Louis XIV. Œuvres*. Kehl 1784, Bd. XX, S. 170.
[24] So J. v. Stackelberg: *Von Rabelais bis Voltaire. Zur Geschichte des französischen Romans*. München 1970, S. 243.

den Literaturhistorikern, ob es angesichts solch ambivalenter Befunde sinnvoll ist, den *Gil Blas* noch zur pikaresken Romantradition zu rechnen. Richtet man bei der Definition des Gattungsbegriffs den Blick streng auf die frühesten spanischen Exemplare, dann wird man Lesages Buch nicht mehr als Schelmenroman ansprechen wollen. Stellt man jedoch in Rechnung, daß bereits Espinels *Marcos de Obregón* zu einer harmonisierenden Auflösung der pikaresken Grundkonstellation neigt, und erkennt man, daß sich die Tendenz des *Gil Blas* in den französischen Bearbeitungen spanischer Pikaroromane seit *L'Aventurier Buscón* (1633) vorbereitet,[25] dann wird man es wohl doch als sinnvoll betrachten, Lesages Buch in einen entwicklungsgeschichtlichen Zusammenhang mit dem frühen spanischen Schelmenroman zu bringen. Daß sich die Behandlung der Motive, die Bewertung der Helden, das Bild der Welt verändern, daß sich ferner die Darstellungsabsichten verschieben, das ist bei der Übernahme des pikaresken Modells in andere Epochen und in andere Nationalliteraturen selbstverständlich, ja solcher Funktionswandel ist geradezu Bedingung für das Überleben literarischer Formen und Motivkomplexe. Richard Bjornson hat diese Modifikationen des pikaresken Erzählmusters im Gang der historischen Entwicklung am deutlichsten betont:

> Translated into all the major European languages, these Spanish novels helped shape traditions of prose fiction in Germany, France, and England, but as they were assimilated into social and literary contexts quite different from those of Golden Age Spain, they themselves underwent curious modifications [...]. It is quite possible that Lesage and Grimmelshausen conceived of their works as belonging to a tradition which includes previous works of picaresque fiction. *Gil Blas* and Simplicius *Simplicissimus* do share basic

[25] Vgl. dazu D. Reichardt: *Von Quevedos 'Buscón' zum deutschen 'Avanturier'.* Bonn 1970, S. 47 ff., S. 72. Zur Frage der Urheberschaft vgl. A. Stoll: *Scarron als Übersetzer Quevedos. Studien zur Rezeption des pikaresken Romans 'El Buscón' in Frankreich.* Frankfurt 1970.

> elements of the picaresque myth and its allied conventions with *Lazarillo* and *Guzmán*, but because the frames of reference are different, the significance of these elements changes drastically.[26]

Im Blick auf solche Überlegungen sollte es keine Schwierigkeiten machen, Lesages *Gil Blas* als eine Fortsetzung der pikaresken Romantradition anzuerkennen. Allerdings ist unbestreitbar, daß sich in manchen Veränderungen des überlieferten Schemas (wie etwa in der Einführung eines ganz innerweltlich definierten Glücks als Ziel der Romanhandlung) Anklänge an den späteren Bildungsroman spürbar machen. Diese Elemente entfalten jedoch noch nicht genügend prägende Kraft, um einen neuen Romantyp entstehen zu lassen.

IV

Ein auffälliger Befund im Verhältnis von Pikaro- und Bildungsroman ist, daß die beiden Gattungen sich in ihrer historischen Entfaltung - jedenfalls im Rahmen der deutschen Literaturgeschichte - wechselseitig zu verdrängen scheinen. Das Zurücktreten pikaresker Romane im 18. und 19. Jahrhundert fällt zusammen mit der Blüte des Bildungsromans. Im 20. Jahrhundert indessen entstehen wieder Erzählwerke pikaresken Charakters, während gleichzeitig die Tradition des Bildungsromans in eine kritische Phase eintritt.

Daß im 18. Jahrhundert die pikareske Gattung an Boden verliert, erklärt sich aus den Vorbehalten bürgerlicher Autoren und Leser gegen die Figur des Schelms: Dessen parasitäre und kriminelle Lebensform stand in schroffem Gegensatz zu den Ordnungsvorstellungen des sich etablierenden Bürgertums, das hier keine Möglichkeit der Identifikation mehr fand. Eben dies meint

[26] R. Bjornson: *The Picaresque Hero in European Fiction.* Madison/Wisc. 1977, S. 9 f.

Robert Alters Bemerkung: „For a writer and a reading public that hold sacred some strict ideal of social conformity and propriety, the picaresque novel is no longer a real possibility."[27] Statt des listig und skrupellos gegen eine mitleidlose Gesellschaft kämpfenden Außenseiters bevorzugte man nun als zentrale Romanfigur den in die Gesellschaft hineinfindenden, zu einer exemplarischen Versöhnung von Ich und Welt hinstrebenden Bildungshelden. Dieser Wandel macht sich bereits in jener allmählichen „Verbürgerlichung des Pikaro" bemerkbar, die Arnold Hirsch an den Romanen des späteren 17. Jahrhunderts beobachtet hat: Sie lösen die Lebensproblematik des pikaresk umgetriebenen Romanhelden nicht mehr - wie im Falle Guzmáns oder Simplicius' - durch eine religiös motivierte Abkehr von der Welt, sondern „durch den Eintritt in die bürgerliche Gesellschaft, durch die Anerkennung der dort herrschenden Tugenden."[28] Diese Entwicklung beginnt schon mit der französischen Version des *Buscón* von 1633 (die 1671 ins Deutsche übertragen wurde) und mit dem *English Rogue* von George Head and Richard Kirkman (1665 bis 1671, deutsch als *Simplicianischer Jan Perus* 1672).[29]

In der deutschen Literatur der folgenden beiden Jahrhunderte fristet der Pikaroroman nur ein marginales Dasein. Er zählt nicht mehr zu den lebenden Gattungen, und nur in Autobiographien aus der Unterschicht wie in Johann Christian Sachses *Deutschem Gil Blas* (1822) halten sich Spuren pikaresken Erzählens. Zum paradigmatischen Helden der deutschen Romangeschichte wird

[27] R. Alter: *Rogue's Progress* (wie N. 9), S. 114; vgl. ferner R. Bjornson: *The Picaresque Hero* (wie N. 26), S. 154.
[28] A. Hirsch: *Bürgertum und Barock im deutschen Roman.* 3. Aufl. Köln/Wien 1979, S. 18.
[29] Vgl. R. Bjornson: *The Picaresque Hero* (wie N. 26), S. 148 f., 161 ff.; ferner H. G. Rötzer: „Die Metamorphosen des Pikaro. Einige Anmerkungen zur Wirkungsgeschichte

für diese Epoche das problematische Individuum, das nach einem von Krisen und Irrtümern bestimmten Bildungsgang zum Einklang mit sich selber und der Welt findet.

Schon im 19. Jahrhundert zerfällt der Optimismus, der das letztlich harmonische Weltbild dieser Bildungsgeschichten getragen hatte. Die Lösungen werden vorbehaltvoller und brüchiger, die Gattung des Bildungsromans zunehmend problematischer. In gleichem Maß treten in zahlreichen Romanen wieder pikareske Momente hervor:[30] die Protagonisten stehen als Außenseiter einer feindlichen, korrupten Welt gegenüber, sie greifen im Kampf um Selbstbehauptung zu kriminellen Mitteln, und das Erzählen tendiert dazu, in episodischer Bauform ein satirisches Bild der Welt zu entwerfen. Daß aus der Auflösung jener bürgerlichen Weltanschauung, die dem Bildungsroman seine ideelle Substanz gegeben hatte, die Tendenz zu einer Erneuerung des pikaresken Erzählens hervorging, hat Thomas Mann in seinen Kommentaren zum *Felix Krull* deutlich ausgesprochen. In den *Betrachtungen eines Unpolitischen* schreibt er:

> Man hat teil an der intellektualistischen Zersetzung des Deutschtums, wenn man vor dem Krieg auf dem Punkte stand, den deutschen Bildungs- und Entwicklungsroman, die große deutsche Autobiographie als Memoiren eines Hochstaplers zu parodieren.[31]

---

des *Buscón*." In: *Daphnis* 10 (1981), S. 257 ff.; H. G. Rötzer: „*The English Rogue* in Deutschland". In: *Argenis 2* (1978), S. 229 ff.

[30] Vgl. W. Schumann: „Wiederkehr der Schelme." In: *PMLA* 81 (1966), S. 467 ff.

[31] Th. Mann: *Werke*. Frankfurt 1960, Bd. XII, S. 101.

V

Literarische Gattungsbegriffe wie die des Bildungs- und Pikaroromans sind, so prekär auch alle Definitionsversuche ausfallen mögen, für den Literaturhistoriker unverzichtbar. Sie ermöglichen einmal eine Ordnung des historischen Materials durch die Hervorhebung bestimmter Traditionszusammenhänge, und sie dienen zweitens bei der Betrachtung einzelner Werke als eine Art Leitfaden oder heuristisches Werkzeug der Interpretation. Ihre Funktion können sie nur erfüllen, wenn sie eine gewisse Offenheit bewahren und dadurch zur Erfassung einer Vielzahl einzelner Werke geeignet bleiben. Im Hinblick auf die Definition des Pikaroromans schreibt Bjornson:

> What is needed is not an inductively established list of picaresque elements, but a dynamic model sufficiently flexible to encompass the unique individual works and their historical contexts while clearly identifying the shared elements which justify their inclusion in the same category.[32]

Diesen Prämissen unterstellen sich die folgenden Vorschläge zu einer Gattungsbestimmung, die der Leser an dieser Stelle als Resümee der angestellten Überlegungen wohl erwarten darf. Der Pikaroroman könnte beschrieben werden als ein in Spanien während der zweiten Hälfte des 16. Jahrhunderts entstandener Romantypus, der meist in autobiographischer Erzählform die Lebensgeschichte eines bindungslosen, vagabundierenden Außenseiters schildert, der sich in einer locker gefügten Folge von Episoden mit Gewitztheit und moralisch nicht unbedenklichen Mitteln gegen eine feindliche und korrupte Welt behauptet, wobei von dieser Welt ein satirisch gezeichnetes Panorama entworfen wird.

---

[32] R. Bjornson: *The Picaresque Hero* (wie N. 26), S. 5.

Der Bildungsroman dagegen wäre zu bestimmen als eine im letzten Drittel des 18. Jahrhunderts entstandene und vor allem in Deutschland florierende Form, die mit psychologisch-moralischem Interesse den Werdegang einer zentralen Figur erzählt, der über Irrtümer und Krisen und durch die produktive Verarbeitung von Welterfahrung zur Selbstfindung und zur tätigen Integration in die Gesellschaft führt.

Das Erwachen des Schelms

Zu einem Grundmuster des pikaresken Erzählens

Der Held des Schelmenromans, der Pikaro, gerät in Konflikt mit seiner Umwelt, weil sie ihm die Möglichkeit, sein Leben in Unschuld zu fristen, nicht gutwillig einräumt. Daß die Welt schlecht ist, daß in ihr der Egoismus und die Gewalt regieren, ist die bittere Erkenntnis, die am Anfang der Schelmenlaufbahn steht. Denn aus der Schlechtigkeit der Welt ergibt sich, daß man mit der Tugend, mit Harmlosigkeit und gutem Willen nicht überleben oder gar reüssieren kann: Man muß zum Schelm werden, man darf vor Handlungen nicht zurückschrecken, die nach der offiziellen Moral verpönt sind, wenn man inmitten der allgemeinen Korruption nicht nur die Rolle des naiven Opfers spielen und untergehen will.

Die Lehre von der Bosheit und Brutalität der Welt wird dem Helden des Schelmenromans in der Regel durch ein Desillusionierungs-Erlebnis beigebracht.[1] Er verliert mit einem Schlage seine Arglosigkeit und sein Vertrauen in die moralische Ordnung. Die Ernüchterung macht ihn zum Pikaro, der sich den bösen Bräuchen der Gesellschaft anpaßt.

Das berühmteste Beispiel einer solchen Desillusionierung findet sich in jenem Text, der die pikareske Erzähltradition in der neueren europäischen Literatur eröffnet, dem *Lazarillo de Tormes* (1554). Der junge Held der Geschichte ist einem blinden Bettler als Führer mitgegeben worden. Zur Ein-

---

[1] Das ist bereits öfter beobachtet worden, vgl. z. B. C. Guillén: „Toward a Definition of the Picaresque“. In: *Literature as System.* Princeton 1971, S. 79, 81; ferner R. Bjornson: *The Picaresque Hero in European Fiction.* Madison 1977, S. 6. Die einzige speziell diesem

weihung in seine Aufgaben und zur Aufklärung über seine Umwelt erteilt der Blinde seinem Zögling sogleich eine nachdrückliche Lektion. Lazarillo schildert sie in seinem Lebensbericht wie folgt:

> Salimos de Salamanca, y llegando a la puente, está a la entrada de ella un animal de piedra, que casi tiene forma de toro, y el ciego mandóme que llegase cerca del animal y, allí puesto, me dijo: - Lázaro; llega el oído a este toro y oirás gran ruido dentro dél. Yo simplemente llegué, creyendo ser así. Y como sintió que tenía la cabeza par de la piedra, afirmó recio la mano y dióme una gran calabazada en el diablo de toro, que más de tres días me duró el dolor de la cornada, y díjome: - Necio, aprende que el mozo del ciego un punto ha de saber más que el diablo. Y rió mucho la burla. Parecióme que en aquel instante desperté de la simpleza en que, como niño dormido, estaba. Dije entre mí: „Verdad dice éste, que me cumple avivar el ojo y avisar, pues solo soy, y pensar cómo me sepa valer.“[2]

Das ist Lazarillos Initiation in die Welt. Zu verstehen ist sie als Aufforderung, den Mitmenschen mit permanentem Mißtrauen zu begegnen und sich in der Gesellschaft mit unsentimentaler Härte und ohne falsche Skrupel zu behaupten. Lazarillo weiß, daß er ohne die schmerzhafte Lektion des Blinden dem brutalen Treiben der Welt zum Opfer gefallen wäre. Er nennt ihn daher voll Dankbarkeit seinen wichtigsten Lehrer: „Y fué así: que,

---

Thema gewidmete Studie ist bislang G. A. Alfaro: „El despertar del pícaro“. *RF*, 80 (1968), S. 44 ff.

[2] *Lazarillo de Tormes*. In: *La novela picaresca española*. Hrsg. von A. Valbuena y Prat. Madrid 1956, S. 86. Die Übersetzung nach: *Spanische Schelmenromane*. Hrsg. von H. Baader. Zwei Bände. München 1964/65. Bd. I, S. 13 f.: Wir zogen zur Stadt hinaus und kamen an die Brücke, vor der ein steinernes Tier steht, beinahe wie ein Stier anzuschauen. Der Blinde hieß mich nahe an das Tier herantreten, und als ich's tat, sagte er: 'Lazaro, leg dein Ohr an den Stier und du wirst drinnen großes Getöse hören.' Ich in meiner Einfalt glaubt's und gehorchte, und als er fühlte, daß ich den Kopf an den Stein gelegt hatte, holte er mit der Hand kräftig aus und gab mir eine gewaltige Maulschelle. Mein Kopf schlug so hart wider den maledeiten Stier, daß mir die Beule noch nach drei Tagen weh tat. Du Tölpel, rief er, merk dir, ein Blindenjunge muß selbst den Teufel noch in den Sack stecken!, und er lachte weidlich über den Spaß. Mir aber war, als erwachte ich in diesem Augenblick aus der Einfalt, darin ich als Kind hingeschlummert hatte, und ich dachte: Wahr ist's, was er sagt, ich muß die Augen offenhalten und auf der Hut sein, denn ich bin allein und muß sehen, wie ich meinen Mann stehe.

después de Dios, éste me dió la vida, y siendo ciego me alumbró y adestró en la carrera de vivir."[3] Daß der Schelm die desillusionierende Lehre schnell begriffen hat, zeigen die raffinierten Einfälle, mit denen er seinen Meister hintergeht und sich mit Nahrung versorgt. Sein Gesellenstück als Pícaro liefert er, als er sich schließlich brutal an dem Blinden rächt, indem er ihn gegen einen steinernen Pfeiler springen läßt, bevor er sich aus dem Staub macht.

In *Lazarillo de Tormes* wird dem Pícaro durch eine schockartige Erfahrung bewußt, wie die Welt wahrhaft aussieht und wie er sich in ihr durchzuschlagen hat. Diese Erkenntnis kann jedoch auch das Resultat einer längeren Reihe von Erfahrungen sein, braucht sich also nicht abrupt, in einer Art Erweckungserlebnis einzustellen, sondern als Folge einer Entwicklung, die eine neue Lebenssituation herbeiführt. Auf diesem Wege wird Guzmán, der Held von Mateo Alemáns berühmten und eigentlich traditionsbildenden Schelmenroman (1599/1605), zum Pícaro.

Guzmán de Alfarache ist seinem zwar komfortablen, aber etwas windigen Zuhause entlaufen, um in der Welt sein Glück zu suchen. Auf dem Weg von Sevilla nach Madrid wird der unerfahrene und naive Bursche von den Wirten betrogen, er wird bestohlen und von Gerichtsbütteln grundlos mißhandelt. Zu seiner Mutter zurückzukehren, schämt er sich. So verkauft er unterwegs seine Kleider, um nicht betteln zu müssen. Als er schließlich in Madrid ankommt, besitzt er nur noch ein paar verschmutzte Lappen und stößt deshalb überall, wo er sich um einen Dienst bewirbt, auf Mißtrauen und Ablehnung. Diese

---

[3] *Lazarillo de Tormes*: a.a.O., S. 86. Deutsche Übersetzung in: *Spanische Schelmenromane* (wie N. 2), Bd. I, S. 14: Nächst Gott danke ich mein Dasein ihm, denn ob er gleich selber blind war, hat er mir doch die Augen helle gemacht und mir im Leben den Weg gewiesen.

hoffnungslose Lage läßt ihm keine andere Wahl, als „das Handwerk der blühenden Schelmerei" zu ergreifen.[4]

In der Not hat er alle Scham verloren: er geniert sich nicht mehr, Gaunerstreiche zu begehen und niedrigste Dienste anzunehmen. Guzmán wird Mitglied einer Diebesbande, dann Spieler und Betrüger. Ohne Hemmungen bedient er sich krimineller Praktiken, um den eigenen Magen und die eigene Tasche zu füllen, ja die freche und einfallsreiche Übertölpelung anderer wird ihm zur Quelle des Vergnügens. Er rechtfertigt sich damit, daß er bei solchem Treiben nur die allenthalben befolgten bösen Bräuche übernimmt: „Todos jugaban y juraban, todos robaban y sisaban: hice lo que los otros. De pequeños principios resultan grandes fines."[5]

Ein markantes Beispiel für das Erwachen des Pícaro bietet auch Quevedos *El Buscón*. Zwar hat Pablos, der Held des Buches, zunächst die besten Vorsätze, obwohl er aus einem völlig verwahrlosten Elternhaus stammt: Die Mutter betätigt sich als Kupplerin und Hexe, der Vater ist ein diebischer, mehrfach bestrafter Barbier. Der gute Wille Pablos' jedoch wird von der Bosheit der

---

[4] Mateo Alemán: *Guzmán de Alfarache*. In: *La novela picaresca española* (wie N. 2), S. 300. Deutsche Übersetzung in: *Spanische Schelmenromane* (wie N. 2), Bd. I, S. 216. Vorher allerdings berichtet Guzmán bereits, daß die Bekanntschaft mit dem Hunger ihm neue Erkenntnisse über die Welt und sein eigenes Leben vermittelt hat: „Vi claramente cómo la contraria fortuna hace a los hombres prudentes. En aquel punto me pareció haber sentido una nueva luz, que como en claro espejo me representó lo pasado, presente y venidero. Hasta hoy había sido bozal" (II/I). Deutsche Übersetzung in: *Spanische Schelmenromane* (wie N. 2), Bd. I, S. 208: Ich erkannte damals, wie sehr das Unglück die Menschen klug macht. Mir schien, ein neues Licht sei mir darüber aufgegangen, das mich Vergangenheit, Gegenwart und Zukunft gleichsam in einem klaren Spiegel erkennen ließ. Bisher war ich ein Milchbart gewesen.

[5] Mateo Alemán: a.a.O., S. 315. Deutsche Übersetzung in: *Spanische Schelmenromans* (wie N.2), Bd. I, S. 249: Alle spielten und fluchten, alle stahlen und bestachen: ich tat nichts andres als sie, und kleiner Anfang führt zu großem Ende.

Welt alsbald zerstört. Er kommt als Begleiter eines jungen Adligen auf die Universität von Salamanca und wird dort auf die brutalste Weise von anderen jungen Dienern gequält und erniedrigt. An diesem „kritischen Moment seines Lebens“[6] erkennt er, daß die Welt dem Guten und Harmlosen keinen Platz bietet, und beschließt, „ein neues Leben zu führen“. Seine Erfahrung bringt ihn zu dem Vorsatz, „de ser bellaco con los bellacos“.[7]

Der pikareske Roman zeichnet offensichtlich ein düsteres Bild der Gesellschaft: moralische Werte haben in ihr keine Geltung, und der einzelne, der überleben will, muß mit den Wölfen heulen. Auf der Titelseite des *Guzmán de Alfarache* findet sich ein Emblem, das die Welt als Ort der Heimtücke und der Unsicherheit darstellt und das im Text des Romans wiederholt zitiert wird. Eine dieser Passagen lautet:

> Todos y cada uno por sus fines quieren usar del engaño, contra el seguro dél, como lo declara una empresa, significada por una culebra dormida y una araña, que baja secretamente para morderla en la cerviz y matarla, cuya letra dice: „No hay prudencia que resista al engaño.“ Es disparate pensar que pueda el prudente prevenir a quien le acecha.[8]

Der listige und mißtrauische *pícaro* ist demnach Sünder in einer sündigen Welt, er tut nichts, was die meisten nicht auch täten. Außenseiter ist er nur insofern, als er keine feste Stelle in der sozialen Ordnung einnimmt und sich als

---

[6] Vgl. G. A. Alfaro: „El despertar del pícaro“. *RF*, 80 (1968), S. 47.

[7] F. de Quevedo: *El Buscón*. In: *La novela picaresca española*. (wie N. 2), S. 1106. Deutsche Übersetzung in: *Spanische Schelmenromane* Bd. II, S. 45: [...] mit den Schurken ein Schurke zu sein.

[8] Mateo Alemán: *Guzmán de Alfarache* (wie N. 4), S. 426. Deutsche Übersetzung in: *Spanische Schelmenromane*. Bd. I, S. 502: Alle und jeder wollen ihre Ziele durch Betrug erreichen, ohne vor solchem sicher zu sein, wie das Sinnbild von der Schlange und der Spinne zeigt, die sich leise herniederläßt, um die Schlange ins Genick zu beißen und zu töten; der Spruch darunter: „Keine Klugheit vermag dem Betrug zu widerstehen.“ Es ist unsinnig zu meinen, der Kluge könnte dem, der ihm auflauert, zuvorkommen.

mittelloser Vagabund durchschlägt. Das zwingt ihn mehr als andere zu bedenkenloser Selbsthilfe, und es setzt ihn der Gefahr der Bestrafung aus, weil er sich nicht durch Bestechung oder durch Kumpanei mit den Gewalthabern sichern kann und weil ihm die legalisierten Formen des Betruges und der Bereicherung nicht offenstehen.

Daß der Schelm seine bedenkliche Laufbahn in dem Augenblick beginnt, in dem er die Verderbtheit der Welt erkennt, gilt nicht nur für die spanischen Pícaro-Romane, von denen bislang die Rede war. Auch das prominenteste deutsche Exemplar der Gattung, Grimmelshausens *Abentheurlicher Simplicissimus Teutsch* (1668), schildert den Prozeß einer solchen Desillusionierung beim Zusammenstoß mit der Welt. Als Simplicius aus dem Spessarter Wald in das vom Militär besetzte Hanau kommt, ist er noch voller Unschuld und Einfalt.

> Ich wuste von den Lastern nicht anders / als daß ich sie etwan hören nennen / oder darvon gelesen hatte / und wenn ich deren eins würcklich begehen sahe / war mirs ein erschröckliche und seltene Sach / weil ich erzogen und gewehnet worden / die Gegenwart GOttes allezeit vor Augen zu haben.[9]

Auf die Schlechtigkeit der Welt reagiert er mit verständnislosem Staunen. Als er eines Tages sieht, wie ein Soldat einem anderen eine Maulschelle verabreicht, erwartet er allen Ernstes, der Geschlagene werde - dem biblischen Gebot entsprechend - auch die andere Backe hinhalten. Es ist der Pfarrer, der Simplicius über die Gottlosigkeit und Unmoral seiner Mitmenschen aufklärt und ihm rät, sich nicht durch unzeitiges Moralpredigen unbeliebt oder lächerlich zu machen. Dieser Mentor warnt ihn auch vor den Anschlägen des Gouverneurs. Simplicius wird durch diese Mahnungen und

---

[9] H. J. Ch. Grimmelshausen: *Der Abentheurliche Simplicissimus*. Hrsg. von R. Tarot. Tübingen 1967, S. 66.

Aufklärungen mißtrauisch, und er beginnt, um seiner Sicherheit und seines Vorteils willen andere bewußt zu täuschen. Damit aber ist die ursprüngliche naive Unschuld verloren und der Anfang zu pikaresker Durchtriebenheit gemacht: „Damals fieng ich erst an", so beschreibt er sein Erwachen, „in mich selbst zu gehen / und auff mein Bestes zu gedencken."[10]

Als ihm wegen seines betrügerischen Doppelspiels das Gewissen schlägt, bietet ihm der Pfarrer eine Rechtfertigung: „Hierumb darffst du dich nicht bekümmern / die närrische Welt will betrogen seyn / hat man dir deine Witz noch übrig gelassen / so gebrauche dich derselben zu deinem Vortheil." Er empfiehlt dem durch solche Ratschläge irritierten Simplicissimus, er solle sich vorstellen, in eine ganz neue Existenz eingetreten zu sein: „Bilde dir ein / als ob du gleich dem Phoenix, vom Unverstand zum Verstand durch Feuer / und also zu einem neuen menschlichen Leben auch neu geboren worden seyest."[11] Allerdings warnt er ihn zugleich, daß er bei solchem Verhalten sein Seelenheil in Gefahr bringen könne.

Auch Simplicius also wird durch die nähere Bekanntschaft mit der Welt um seine frommen Illusionen gebracht, auch er paßt sich der allgemeinen Schlechtigkeit an und wird bald schon als Jäger von Soest „so gottloß und verrucht", daß ihm „kein Schelmenstück / solches zu begehen / zu groß war."[12] Eine ironische Wendung der Erzählung liegt darin, daß Simplicius in dem Augenblick Klarheit über den Zustand der Welt gewinnt und dann erst

---

[10] Grimmelshausen, a.a.O., S. 110.
[11] Grimmelshausen, a.a.O., S. 114.
[12] Grimmelshausen, a.a.O., S. 203.

berechnend zu handeln lernt, als er in das Gewand des Narren gezwungen wird. In diesem Zug des Romans läßt sich einmal der Topos vom Narren, der die Wahrheit ausspricht, erkennen, aber es liegt in ihm sicher auch ein Hinweis darauf, daß sich der scheinbar klug gewordene Simplicius in Wahrheit nur auf die Torheit der Welt einzulassen beginnt.

In Grimmelshausens *Seltzamen Springinsfeld* läßt sich das Erzählmuster des pikaresken Erweckungserlebnisses nur in modifizierter Form beobachten: Zwar kommt es auch hier zu einem plötzlichen Eintauchen in den Strudel des Weltgetriebes, aber dabei erlebt der Pikaro kein schockartiges Erwachen, da ihn trügerische Hoffnungen und Leichtsinn über die Bedeutung dieses Augenblicks hinwegtäuschen.

Springinsfeld, der unter fahrendem Volk aufgewachsen ist und daher schon in einer gewissen Affinität zum Wanderleben des Schelms steht, führt eines Tages zusammen mit seinem Bruder auf einem Schiff seine Kunststücke vor. Plötzlich lichtet man die Anker, und die beiden Jungen werden abrupt von ihrer Familie getrennt und in die Welt hinausgerissen. Die Brüder reagieren höchst unterschiedlich:

> Jener thät als wolte er verzweifeln / ich aber liesse mich noch trösten / nicht allein darum / weil ich von Natur alles gern auf die leichte Achsel nehme / sonder auch / weil mir der eine Rittmeister [...] gleichsam güldene Berge versprach / wann ich bey ihm bleiben und sein Page abgeben wurde.[13]

[13] Grimmelshausen: *Der seltzame Springinsfeld.* Hrsg. von G. Sieveke. Tübingen 1969, S. 59.

Daß dieser Vorfall einen entscheidenden Punkt des Lebens bezeichnet, wird darin sichtbar, daß der weniger leichtsinnige Bruder „sich dergestalt kränckte / daß er starb / ehe wir wieder von Sicilia abfuhren.“[14]

Offenbar kommt im Fall des Springinsfeld die angeborene psychische Konstitution den gefährlichen Reizen der pikaresken Existenz so sehr entgegen, daß es gar keines Umbruchs der Gesinnung bedarf, damit er zum Schelm wird. Ähnlich liegen die Dinge bei Grimmelshausens „Ertzbetrügerin und Landstörtzerin“ Courasche, die als negative Kontrastfigur zu Simplicius angelegt ist. Sie berichtet, sie sei schon „von Jugend auf genaturt gewesen / am allerliebsten zu sehen / wann es am allernärrischten hergieng.“[15]

Als sie in das blutige Getümmel des Krieges gerät und Männerkleider anlegen muß, reagiert sie nicht mit Ängsten und auch nicht mit dem pikaresken Entschluß, die Tugend fahren zu lassen und wohl oder übel das böse Spiel der Welt mitzuspielen. Vielmehr glaubt sie jetzt erst das Element kennenzulernen, für das sie eigentlich geschaffen ist. Sie hat Angst, als Mädchen entlarvt und nach Hause geschickt zu werden,

> weil ich die Trommeln und Pfeiffen / das Geschütz / und die Trompeten / von welchem Schall mir das Hertz im Leib aufhupffte / noch nicht satt gehört hatte [...]. Ich lernte mit Fleiß fluchen wie ein anderer Soldat / und darneben Sauffen wie ein Bürstenbinder / soff Brüderschafft mit denen / die ich vermeinte daß sie meines Gleichens wären und so fort.[16]

Sie kann es kaum erwarten, daß sie ihre jungfräuliche Unschuld an ihren Herrn verliert, sträubt sich aber zum Schein, um ihn zu einem Ehever-

---

[14] Grimmelshausen, a.a.O., S. 59.

[15] Grimmelshausen: *Lebensbeschreibung der Ertzbetrügerin und Landstörtzerin Courasche*. Hrsg. von W. Bender. Tübingen 1967, S. 18.

[16] Grimmelshausen, a.a.O., S. 20.

sprechen zu bewegen. Die Courasche besitzt eine korrupte, unverbesserliche Natur, sie ist als abschreckendes Beispiel gemeint und kennt daher nicht das Schwanken zwischen Gut und Böse, das für die Protagonisten anderer Schelmengeschichten kennzeichnend ist.

Daß der Schelm seine zweifelhafte, ins Kriminelle führende Lebensbahn betritt, weil er die ihn umgebende Gesellschaft durchschaut, gilt auch für moderne pikareske Romane. Ein instruktives Beispiel bieten Thomas Manns *Bekenntnisse des Hochstaplers Felix Krull.* Das Schlüsselerlebnis des jungen Felix ist sein erster Theaterbesuch, bei dem er die Aufführung einer albernen, aber gefälligen Operette erlebt. Die Wirkung des Abends beruht nur zu einem geringen Teil auf dem Inhalt des aufgeführten Stücks, dessen Titel der rückblickende Felix bezeichnenderweise nicht mehr nennen kann. Faszinierend wirkt vor allem das Auftreten des Tenors Müller-Rosé, der mit seinem virtuos entfalteten Bühnencharme das Publikum hinreißt: „Wie er damals die Menge und mich zu blenden, zu entzücken verstand, das gehört zu den entscheidenden Eindrücken meines Lebens.“[17] Schon in seinen auf die Erzählung der Episode hinführenden Bemerkungen hatte Krull festgestellt: „In der Tat haben sich die Beobachtungen dieses Abends meinem Gemüt tief eingeprägt und mir zu unendlichem Nachsinnen Stoff gegeben.“[18]

Die Zuschauer, so scheint es Krull, erkennen in der souveränen Leichtigkeit und in der unantastbaren Vollkommenheit, mit der sich der Komödiant auf der Bühne präsentiert, ihr heimliches Ideal und staunen es beglückt an. Für Krull offenbart sich das Operettentheater als eine „Kirche des Vergnügens“,

---

[17] Th. Mann: *Bekenntnisse des Hochstaplers Felix Krull.* In.: Ges. Werke. Frankfurt 1960. Bd. VII, S. 287.
[18] Th. Mann, a.a.O., S. 286.

als der Ort, „wo erbauungsbedürftige Menschen, im Schatten versammelt gegenüber einer Sphäre der Klarheit und der Vollendung, mit offenem Mund zu den Idealen ihres Herzens emporblickten.“[19]

Nach der Aufführung besucht Felix an der Hand seines Vaters den Sänger in dessen Garderobe. Der schäbige, von schlechter Luft erfüllte Raum schon bietet einen scharfen Kontrast zum Glanz der Bühne. Müller-Rosé selbst erweist sich bei näherer Bekanntschaft als ordinärer und verbrauchter Mann, der wegen seiner unreinen Haut abstoßend wirkt, sich als fader Witzbold aufspielt und von Komödianten-Eitelkeit beherrscht ist.

Felix erlebt bei diesem Blick hinter die Kulissen keine Desillusionierung, er reagiert nicht als enttäuschter Bewunderer, sondern seine Anerkennung für den Künstler steigert sich noch:

> Gebiete deinem Ekel und empfinde ganz, daß er es vermochte, sich in dem geheimen Bewußtsein und Gefühl dieser abscheulichen Pickel mit so betörender Selbstgefälligkeit vor der Menge zu bewegen, ja, unterstützt freilich durch Licht und Fett, Musik und Entfernung, diese Menge das Ideal ihres Herzens in seiner Person erblicken zu lassen und sie dadurch unendlich zu erbauen und zu beleben![20]

Krull würdigt die Leistung des Operetten-Stars als Kollege in Fragen des komödiantischen Betruges, und er mißt den Erfolg an den Schwierigkeiten, denen er abgewonnen wurde. Sein Theater-Erlebnis hat für seine spätere Hochstaplerexistenz zentrale Bedeutung, weil er in ihm Aufschluß über die allgemeine Verfassung der Welt zu finden glaubt. Die Erzeugung gefälligen Schwindels, die Täuschung durch schönen Schein ist, so meint er, „eine für

---

[19] Th. Mann, a.a.O., S. 287.
[20] Th. Mann, a.a.O., S. 294.

den Haushalt des Lebens unentbehrliche Einrichtung", die ein elementares Bedürfnis nach tröstlicher Verklärung, nach erbaulicher Idealisierung der Wirklichkeit befriedigt.[21] Eben diesem Bedürfnis glaubt Krull selbst als Hochstapler zu dienen, wenn er der Welt durch formvollendete Täuschung das vorspielt, was sie selbst ersehnt und braucht.

Krulls philosophische (an Nietzsche angelehnte) Rechtfertigung seiner pikaresken Existenz unterscheidet sich deutlich von der früherer Schelme, die sich gegen die mitleidlose, boshafte, ungerechte und heuchlerische Welt zur Anwendung auch bedenklicher Mittel legitimiert glauben. Näher an der Art der Desillusionierung, die den spanischen Pícaros widerfahren war, liegt die Initiationserfahrung, die der Orgelbauer Jakob Hasslocher in Gerold Späths Roman *Stimmgänge* (1972) macht. Am Ende seiner Lehrzeit erlaubt er sich eine respektlose Bemerkung gegenüber seinem Meister, der ihm daraufhin blitzschnell den Kopf mit heißem Leim verkleistert und ihn damit der Schadenfreude und den Gehässigkeiten der ganzen Werkstatt ausliefert.

Hasslocher erkennt bei diesem Vorfall die Bosheit der anderen und seine eigene Isolation. Er reagiert mit einer Mischung aus Desillusionierung und Wut. Ihm werden die Flüchtigkeit des Lebens und die Unausweichlichkeit der Enttäuschungen bewußt: „Kaum geht das Leben richtig an [...], da geht's auch schon verschütt."[22] Aber er faßt auch den für den Pícaro bezeichnenden Entschluß, nicht bloß die Rolle des Opfers zu spielen, sondern selbst zurückzuschlagen. Im Schmelzofen der Werkstatt deponiert er einen Benzinkanister und veranlaßt so eine Explosion, mit der er nun seinerseits

[21] Th. Mann, a.a.O., S. 294.
[22] G. Späth: *Stimmgänge*. Frankfurt 1977, S. 78.

den Meister zum Gespött seiner Kollegen macht. Für Hasslocher beginnt mit dieser Episode ein pikareskes Wanderleben, bei dem sein „kleines, feines, kriminelles Äderchen“ sich immer wieder als wirksam erweist.[23]

Ein Desillusionierungs- und Erweckungserlebnis wie im *Felix Krull* oder in den *Stimmgängen* fehlt allerdings in der *Blechtrommel* von Günter Grass, die man immer wieder im Zusammenhang mit der Tradition des Schelmenromans interpretiert hat. Oskar Matzerath weiß schon bei seiner Geburt, daß er sich der Welt der Erwachsenen, ihren Normen und Erwartungen verweigern wird. „Ich gehörte zu den hellhörigen Säuglingen, deren geistige Entwicklung schon bei der Geburt abgeschlossen ist und sich fortan nur noch bestätigen muß.“[24] Wo der Romanheld schon in der Wiege die Welt in illusionsloser Klarheit durchschaut und seine Haltung ihr gegenüber definitiv festlegt, kann es später natürlich nicht mehr zu enttäuschenden Erkenntnissen kommen.

Wenn der Schelm in einer Art Erweckungserlebnis oder durch den Prozeß einer fortschreitenden Aufklärung die Schlechtigkeit der Welt erkennt und wenn er mit dieser Erkenntnis seine Wendung zu einer Lebenstechnik der List, der Täuschung und des bedenkenlosen Zugreifens rechtfertigt, so ist das offensichtlich ein ambivalenter Vorgang. Denn einerseits macht der Pikaro zweifellos einen Fortschritt, indem er einen Einblick in den fragwürdigen Zustand seiner Umwelt gewinnt, die hinter der heuchlerisch aufgerichteten Fassade der Wohlanständigkeit und Solidität nur hemmungslosen Egoismus und Brutalität verbirgt. Andererseits aber ist unverkennbar, daß der Pikaro,

---

[23] G. Späth, a.a.O., S. 439 f.
[24] G. Grass: *Die Blechtrommel*. Darmstadt/Berlin/Neuwied 1959, S. 49.

indem er sich an die allgemeine Schlechtigkeit anpaßt, selbst ebenfalls moralische Prinzipien über Bord wirft. Zwar wird ihm zugestanden, daß nur durch den Griff zu bedenklichen Mitteln ein Überleben und ein Aufstieg in der Gesellschaft möglich sind. Aber die sittliche Korruption wollen die Autoren pikaresker Romane denn doch keineswegs rechtfertigen und empfehlen. Daher lassen sie ihre Helden oft wieder - in einer Art zweiter Erweckung - die Unmoral und Sündhaftigkeit eines auf Diebstahl und Betrug gegründeten Lebens erkennen und sich voll Reue von ihrem pikaresken Treiben abwenden.

Guzmán de Alfarache zum Beispiel findet als Sträfling auf der Galeere zu Reue und guten Vorsätzen. Die Schilderung seiner nächtlichen, tränenreichen Erweckung zeigt Anklänge an die berühmte Gartenszene aus den *Confessiones* des Augustinus. Guzmán fühlt sich von dieser religiösen Erfahrung zutiefst umgewandelt: „Cuando recordé, halléme otro, no yo ni con aquel corazón viejo que antes."[25] Als ihn neue, unbegründete Anschuldigungen treffen, hüllt er sich in das Gefühl seiner Unschuld ein: „Porque verdaderamente yo estaba tan diferente del que fuí, que antes creyera dejarme hacer cien mil pedazos que cometer el más ligero crimen del mundo."[26]

Ähnlich steht es mit Simplicius. Auf der einsamen Insel, auf die er durch Schiffbruch verschlagen worden war, bekehrt er sich zu einem gottgefälligen,

---

[25] Mateo Alemán: *Guzmán de Alfarache* (wie N. 4). Bd. I, S. 828: Als ich wieder erwachte, bemerkte ich, daß ich ein anderer Mensch geworden war und nicht mehr jenes alte Herz von früher hatte.

[26] Mateo Alemán, a.a.O., S. 574. Deutsche Übersetzung in: *Spanische Schelmenromane* (wie N. 2). Bd. I, S. 839: Ich hatte mich so verändert, daß ich mir lieber tausend Fußtritte versetzen ließ, ehe ich das leichteste Vergehen von der Welt beging.

der Welt abgekehrten Leben und schreibt zum Lob Gottes und späteren Lesern zur Mahnung seine abenteuerliche Biographie nieder:

> Zuletzt als ich mit hertzlicher Reu meinen gantzen geführten Lebens-Lauff betrachtete / und meine Bubenstück die ich von Jugend auff begangen / mir selbsten vor Augen stellte / und zu Gemüth führete / daß gleichwohl der barmhertzige GOtt unangesehen aller solchen groben Sünden / mich bißher nit allein vor der ewigen Verdambnuß bewahrt / sonder Zeit und Gelegenheit geben hat mich zu bessern / zubekehren / Ihn umb Verzeyhung zu bitten / und umb seine Gutthaten zudancken / beschriebe ich alles was mir noch eingefallen / in dieses Buch.[27]

Hier erwacht der Schelm zu einer moralischen Wahrheit, die sich gegen die korrupte Welt stellt. Hatte sich der Pikaro während seiner von kriminellen Eskapaden bestimmten Laufbahn zunächst an die bösen Bräuche einer gottlosen Gesellschaft angepaßt, so wendet er sich jetzt in einem moralisch und religiös begründeten Entschluß von solcher Verderbtheit ab. Vom Standpunkt solcher Reife geben Guzmán und Simplicius den in autobiographischer Form erzählten Bericht über ihr Leben.

Es ist offensichtlich, daß die durch die beiden Erweckungserlebnisse bezeichneten Haltungen in einen Gegensatz treten, der in der pikaresken Erzählung nicht leicht zu überbrücken ist. Denn einerseits wird das Treiben des findigen Schelms, der die schlechte Welt mit ihren eigenen Waffen schlägt, nicht ohne Sympathie verfolgt, und die bunte Folge der Abenteuer, die der Pikaro durchläuft, ist meist mit spürbarer Lust geschildert. Andererseits aber verfällt die korrupte Welt im ganzen der Ablehnung, und die Bedenkenlosigkeit des Schelms im Lebenskampf wird zum Gegenstand moralischer Kritik. So entsteht eine Spannung zwischen der Amoralität des pikarischen Außenseiters und der offiziellen Moral der Erzählung. Daß diese beiden Momente im

---

[27] Grimmelshausen: *Simplicissimus* (wie N. 9), S. 569.

Guzmán de Alfarache nicht harmonisch miteinander verbunden sind, haben die Kritiker immer wieder konstatiert. Hier, wie in vielen anderen pikaresken Romanen, ist die Figur des wendig die Gesellschaft hintergehenden Helden in vielen Episoden sympathischer und mit mehr Verständnis dargestellt, als es nach den strengeren Prinzipien erlaubt wäre, die in den reflektierenden Partien des Buches anerkannt sind.

Im *Simplicissimus* tritt die Spannung zwischen der Erzählfreude an den unterhaltsamen „Stücklein" aus der Schelmenlaufbahn des Protagonisten und den aus der Perspektive des Einsiedlers verfolgten ernsten Absichten immer wieder zutage. Manche Episoden werden offensichtlich nur erzählt, um den Leser zu unterhalten: „ob sie schon nicht von importanz seyn / sind sie doch lustig zu hören."[28] Andererseits betont Simplicius als Erzähler seiner Lebensgeschichte, er habe seine Leser keineswegs nur „zum lachen bewögen" und ihnen die Zeit vertreiben wollen, sondern es gehe ihm um ernste moralisch-religiöse Absichten.[29]

Die Spannung zwischen der *expressis verbis* verkündeten Moral und der erzählten Lebensgeschichte kann sich bis zum irritierenden Widerspruch steigern, der den Leser vor schwierige Interpretationsprobleme stellt. Auf sehr handgreifliche Weise ist das der Fall in Daniel Defoes *Moll Flanders* (1722). Bisweilen hat man die frommen Kommentare zu der wüsten Biographie der Titelheldin ins Zentrum der Deutung gerückt, wodurch der Roman als „Erbauungsbuch" oder als Ableger der geistlichen Autobiographie erscheinen

---

[28] Grimmelshausen: *Simplicissimus*, a.a.O., S. 188.
[29] Ebd., S. 472.

konnte.[30] Das aber überzeugt nicht, weil die Bekehrung der Sünderin Moll Flanders eine dubiose Angelegenheit bleibt und weil ihre kriminellen Streiche nicht selten mit unverhohlener Lust erzählt sind.[31] Zu denken gibt auch, daß Moll selbst nach ihrer Reue und Bekehrung im Gefängnis von Newgate vor neuen Täuschungen und Tricks nicht zurückschreckt und daß sie nicht die geringste Bereitschaft erkennen läßt, für ihre Übeltaten eine Buße auf sich zu nehmen.[32]

Jedenfalls erscheint dem modernen Leser die religiös-moralische Absicht des Buches, die das Vorwort besonders hervorhebt, dadurch gefährdet, daß mit Sympathie von den Erfolgen der *pícara* berichtet wird und daß Defoe nicht deutlich genug die vitale und dreiste Verbrecherin von der reuigen Sünderin unterscheidet, die ihre früheren Missetaten erzählend rekapituliert. Es gelingt ihm nicht, wie die Kritik hat deutlich machen können, eine einheitliche Perspektive der Darstellung und Bewertung durchzuhalten.[33]

Die Lebensbeichte der Moll Flanders bietet ein besonders deutliches Beispiel für die Spannung, die sich zwischen der Amoralität des Schelms und der ausdrücklich bekundeten moralischen Orientierung der Erzählung entwickeln kann. Da der Pikaroroman sich in aller Regel der autobiographischen Erzählform bedient, müssen beide Haltungen - die des bedenkenlosen Schelms und die des Moralisten - ein und derselben Figur zugeschrieben werden. Daraus

---

[30] Vgl. L. Borinski: *Der englische Roman des 18. Jhs.* Frankfurt/Bonn 1968, S. 46; G. A. Starr: *Defoe and Spiritual Autobiography.* Princeton 1965, S. 126 ff.

[31] Zu diesem Widerspruch und seiner möglichen Aufhebung vgl. J. A. Mitchie: „The Unity of Moll Flanders". In: Ch. J. Whitbourn (Hg.): *Knaves and Swindlers.* London 1974, S. 75 ff., 85.

[32] R. Bjornson: *The Picaresque Hero in European Fiction.* Madison 1977, S. 191.

[33] Vgl. die Nachweise bei I. Watt: *The Rise of the Novel.* Harmondsworth 1972, S. 110 f., 130 f.

wieder ergibt sich die Notwendigkeit, den Schelm eine doppelte Erweckung und Wende durchmachen zu lassen: Zunächst geht ihm die Bosheit der Welt auf und veranlaßt ihn zu dem Entschluß, mit den anderen ein Schurke sein zu wollen. Später kommt ihm die Erleuchtung über die Verwerflichkeit der pikarischen Lebensform und führt ihn zu Selbstkritik und zu frommen Vorsätzen.

Diese zweite Erweckung, das heißt die Rückwendung zu einer strengen Moral, wie sie bei Guzmán und Simplicius ins Auge springt, fehlt indessen in einer ganzen Reihe wichtiger Exemplare der pikaresken Gattung. Quevedos *El Buscón* etwa billigt dem Schelm die Fähigkeit zur Umkehr nicht zu und setzt ihn damit radikaler Ablehnung aus. Ähnlich verfährt Grimmelshausen in der *Courasche*: Hier weist die Pikara gleich zu Beginn den Gedanken an eine Bekehrung höhnisch zurück und präsentiert sich damit als ein abschreckendes Muster verstockter Gottlosigkeit.

Wenn eine solche, zu Reue und Umkehr unfähige oder unwillige Figur im Zentrum der pikaresken Erzählung steht und ihren eigenen Lebensgang vor dem Leser ausbreitet, dann entsteht ein schwieriges Gestaltungsproblem. Denn in der fiktiven Autobiographie ist ja das erzählerische Wort an den Schelm delegiert. Und wenn dieser nicht einen Sinneswandel durchgemacht hat und durch ihn zu einer moralischen Kritik seiner eigenen Schelmenlaufbahn gelangt ist, scheint es kaum möglich, eine distanzierende Perspektive in den Roman einzuführen. Das heißt: Wenn eine unbekehrte Pikara wie die Courasche erzählt, kann keine moralische Verurteilung des zügellosen pikaresken Lebens erwartet werden. Da Grimmelshausen aber keineswegs eine Verklärung seiner wüsten Romanheldin beabsichtigt, muß er durch eine Reihe von Kunstgriffen den Leser in die Position des kritischen

Betrachters versetzen. Dazu dienen die beiden kurzen Nachbemerkungen, in denen nicht mehr die Courasche, sondern der „Autor" oder Herausgeber zu Wort kommt, und ferner die Kapitelüberschriften, die vom Standpunkt eines moralisierenden Kommentators Wertungen angeben und beispielsweise eine „gar zu übermachte Gottlossigkeit der gewissenlosen Courage" ankündigen (XIIX. Capitel).

Hier hat der Autor um der Eindeutigkeit seiner Absichten willen die autobiographische Erzählweise durchbrochen. Er kann jedoch auch in der Lebensgeschichte der Courasche selbst Signale setzen, die den Leser daran hindern, sich von der selbstbewußt auftrumpfenden Pikara allzusehr beeindrucken zu lassen. Hier wäre etwa an die Eingangspassage zu erinnern, in der die Courasche die moralischen und religiösen Erwartungen des Lesers sarkastisch verhöhnt und ostentativ enttäuscht.

In anderen Schelmenromanen, und das sind wohl die Beispiele mit der raffiniertesten Erzählanlage, wird die Kritik und Distanzierung, zu welcher der selbstverliebt sein Leben schildernde Schelm nicht findet, über dessen Kopf hinweg vermittelt. Das ist im *Lazarillo de Tormes* der Fall. Der Leser kann nicht übersehen, daß Lazarillo am Ende einen höchst kläglichen Zustand als den Gipfel seines Glücks bezeichnet: er hat das bescheidene, seinen Träger eher diskriminierende als auszeichnende Amt eines Ausrufers erhalten und duldet das ehebrecherische Verhältnis zwischen seiner Frau und dem Erzpriester. Offensichtlich will er nichts weiter, als in Frieden und frei von Hunger leben, und er vermeidet daher jeden Gedanken, der sein bescheidenes Glück stören könnte.

Damit der Leser den Selbstbetrug des erzählenden Lazarillo durchschaut und sich in eine amüsierte Distanz zu ihm versetzt, sind in den Text absichtsvoll Naivitäten, Denkfehler und leicht durchschaubare Beschönigungen hineingearbeitet. Die Einfalt des mit sich und der Welt zufriedenen Lazarillo verleiht dem ganzen Buch eine vordergründige Harmlosigkeit, hinter der sich allerdings scharfe satirische Kritik verbirgt.[34] Diese Kritik richtet sich weniger auf den naiven Autobiographen (den der Leser bei aller Distanzierung sogar sympathisch findet) als vielmehr auf die Welt, mit der Lazarillo sich auseinandersetzen muß. Deren Korruptheit und Bosheit wird für den Leser im Spiegel des pikaresken Lebensberichts klar erkennbar, ohne daß es noch einer ausdrücklichen Verurteilung bedürfte. Daß die Satire im *Lazarillo de Tormes* bei oberflächlicher Betrachtung gemäßigt und wenig aggressiv erscheint, ergibt sich, wie man zu Recht festgestellt hat, keineswegs aus ängstlicher Zurückhaltung in der Wahl der Gegenstände, sondern vornehmlich aus einer höchst bewußten und doppelbödigen Verwendung der autobiographischen Erzählform.[35]

Ein Durchbruch zu moralischen Einsichten und damit ein kritisches Abrükken von der pikaresken Lebenshaltung fehlt auch bei Felix Krull. Zwar versucht er, die Bekenntnisse über seine Hochstapler-Karriere als ein „Bildungswerk" auszugeben[36] und sie damit dem gutbürgerlichen Publikum nahezubringen. Aber eine innere Distanzierung von seinen früheren Lebensepisoden, in denen er raffinierte Diebereien und Täuschungen beging, wird nicht erkennbar. Vielmehr glaubt er, daß sich die üblichen strafrechtlichen

---

[34] H. Baader: „Noch einmal zur Ich-Form im Lazarillo de Tormes". *RF*, 76 (1964), S. 440 f.

[35] H. Baader, a.a.O., S. 441.

[36] Th. Mann: Ges. Werke. Bd. VII, S. 348.

Kategorien auf ihn als eine aristokratische Ausnahme-Erscheinung nicht anwenden ließen.

Sein erklärter Wunsch ist es, mit seinen Memoiren in den „besten Häusern" zu bestehen.[37] Zu diesem Zweck schmeichelt er seinen Lesern, betreibt er sprachliche Mimikry und versucht, seinen höchst unbürgerlichen Lebenslauf unter dem Gesichtspunkt bürgerlicher Leistungsethik zu würdigen: alles, was er erreicht hat, meint Krull, sei widrigen Voraussetzungen mühsam abgerungen und könne daher höchste moralische Anerkennung beanspruchen.[38] Hier tritt ein komischer Kontrast zwischen Prätention und wirklichem Sachverhalt zutage, der auch dort zu spüren ist, wo Krull sich seiner feinen Erziehung rühmt, aber wenig später von den windigen Verhältnissen in seinem Elternhaus berichten muß.

Solche Widersprüche lassen erkennen, daß die Abfassung der *Bekenntnisse* nichts anderes als eine neue Hochstapelei ist, mit der Krull sich bei seinen Lesern das Ansehen eines reputierlichen Memoirenschreibers verschaffen möchte. Ganz offensichtlich hat er nicht zu einem Wandel, zu selbstkritischer Erkenntnis gefunden. Er steht auch als Verfasser der *Bekenntnisse* noch im Bann seines Erweckungserlebnisses im Operettentheater. Sein Vorbild bleibt der erfolgreiche Täuschungsvirtuose und Beglücker Müller-Rosé, und er betrachtet die Welt nach wie vor als eine Bühne für seine hochstaplerischen Auftritte. Dem Leser wird das durchschaubar in der ungewollten Selbstentlarvung Krulls, die sich schon durch seine prätentiöse Sprache vollzieht, die man treffend eine „Mischung von Goethe und Gartenlaube" genannt hat.[39]

---

[37] Th. Mann, a.a.O., Bd. VII, S. 323.
[38] Th. Mann, a.a.O., Bd. VII, S. 299.
[39] K. Hermsdorf: *Thomas Manns Schelme.* Berlin 1968, S. 61.

Die Beispiele des *Lazarillo* und des *Felix Krull* zeigen, daß das zweite Erwachen des Pikaro, die Rückbesinnung auf religiöse und moralische Wahrheiten dann entfallen kann, wenn der Autor der Schelmengeschichte es versteht, den Leser durch erzählerische Kunstgriffe in Distanz zum Helden und zu seiner Geschichte zu bringen. Solche distanzierenden Kunstgriffe sind nötig, weil ja ein unbelehrter und unbekehrter Schelm sein Leben schildert und die autobiographische Erzählform die Intervention eines korrigierenden und kritisierenden Kommentators nicht erlaubt. Die erste Erweckung des Pícaro, seine Initiation in die Falschheit und Bosheit der Welt ist dagegen fast immer Bestandteil der pikarischen Lebensläufe. Ohne sie würde der Schelm gar nicht zum Schelmen werden. Und ohne Schelm gäbe es natürlich keinen Schelmenroman.

„Der Fürst des Gaunerlebens"

Zur Stellung des Buscón *in der Gattungsgeschichte des pikaresken Romans*

I

Am Muster des *Guzmán de Alfarache* vor allem orientiert sich die Auffassung, daß der spanische Schelmenroman von einer kritischen Haltung gegenüber der etablierten Ordnung der Gesellschaft geprägt ist, daß er im Sinne einer „rebeldía popular", wie Américo Castro formuliert hat, die ungerechte Verteilung der Privilegien und Güter, die moralische Heuchelei und den mitleidslosen Umgang mit den Außenseitern anprangert. Der Pícaro selbst behält dabei trotz der bedenklichen Seiten seiner Lebensgeschichte die Sympathie des Lesers, weil er zu seinen Vorstößen gegen moralische Normen und Strafgesetze durch handfeste Not und durch die Bosheit der Welt getrieben wird. Das gilt auch für den *Lazarillo de Tormes*, wenngleich dort ein törichter Schelm seine Geschichte erzählt und die Kritik an der Geistlichkeit und an den sozialen Zuständen deshalb nicht explizit werden kann.

Anders liegen die Dinge jedoch in Quevedos *Buscón.* Dessen Protagonist Pablos ist - anders als Guzmán[1] - nicht das Opfer einer feindlichen Gesellschaft, er soll nicht das Mitgefühl des Lesers auf sich ziehen, sondern er wird

[1] Fernando Lázaro Carreter spricht von einer offenen Ablehnung Mateo Alemáns durch Quevedo. Vgl. Para una revisión del concepto „Novela picaresca". In: ders.: Lazarillo de Tormes en la picaresca. 2. Aufl. Barcelona 1983, S. 223 f.

dem Spott und der Verachtung preisgegeben.[2] Am Ende steht er als Mörder und „hartnäckiger Sünder“ (obstinado pecador) da.[3]

Ganz der Gattungskonvention entsprechend läßt Quevedo die Lebensgeschichte seines Pícaro von diesem selbst erzählen. Dies geschieht jedoch nicht mit reuevollem Rückblick und auch nicht mit der Absicht der Rechtfertigung. Wie die vorangestellte „Carta dedicatoria“ und wiederholte Anreden erkennen lassen, richtet Pablos seinen Bericht an eine mit „Euer Gnaden“ angesprochene Instanz, die offenbar über seine Herkunft und über wesentliche Züge seines Lebensgangs bereits informiert ist. Das läßt sich daraus schließen, daß Pablos in seiner Erzählung nicht versucht, peinliche Details zu unterdrücken. So schaltet er ungeniert den Brief ein, in dem sein Onkel mitteilt, daß er als Henker den Vater Pablos' exekutiert habe. Früher allerdings hatte er seiner Mitwelt diese heikle Nachricht nicht zukommen lassen wollen, weshalb er, wie er erzählt, den Brief sofort verbrannte (S. 626 ff.).

Solche mißlichen Details seiner Lebensgeschichte durfte Pablos nicht ans Licht kommen lassen, weil er den Ehrgeiz hat, sich als Adliger auszugeben und sich in den höheren Rängen der Gesellschaft zu etablieren. Schon im zarten Alter hegt er „Kavaliersgedanken“ (pensamientos de caballero, 590), und auch als er die Elementarschule verläßt, spricht er von seiner Absicht, „caballero“ zu werden (S. 597). Als er durch seine Erbschaft zu Geld gekommen ist, sieht er die Möglichkeit, den äußeren Anschein eines höheren

---

[2] Vgl. dazu Richard Bjornson: *The Picaresque Hero in European Fiction.* Madison (Wisc.) 1977, S. 106, 110.

[3] Quevedos *Buscón* ist zitiert nach der Sammlung *Novela picaresca española* in den Clásicos Hispánicos Noguer, Bd. I, Barcelona 1974, S. 581 ff., hier S. 722.

sozialen Ranges zu erwecken und weist die ihm angebotene Stelle eines Dieners mit hochmütigem Lächeln zurück:

> Señor, ya soy otro, y otros mis pensamientos; más alto pico, y más autoridad me importa tener (628).[4]

Die Ambitionen Pablos' müssen in einer von rigiden Ehrbegriffen beherrschten Gesellschaft absurd erscheinen. Denn seine obskure Herkunft bannt ihn ein für alle Male an eine niedrige Stelle der Gesellschaft: Der Vater ist ein gewohnheitsmäßiger Dieb, der gestäupt und am Ende gehenkt wird. Die Mutter geht dem anrüchigen Gewerbe einer Kupplerin, Hure und Hexe nach und endet auf dem Scheiterhaufen der Inquisition. Der Onkel schließlich übt den unehrlichen Beruf des Henkers aus. Wenn Pablos nun versucht, sich trotz dieser finsteren Herkunft in einen höheren Stand aufzuschwingen, dann muß das zu Betrug, Hochstapelei und anderen kriminellen Praktiken führen. Davor bewahrt ihn auch nicht der gelegentlich gefaßte Entschluß zur Tugend, der offenbar auch weniger in moralischen Empfindungen begründet ist als vielmehr in der Absicht, sich dem Betragen eines Edelmannes anzugleichen. Ehre und Tugend an den Tag zu legen, gehört für ihn zu der angestrebten Rolle und dient, wie er zu erkennen gibt, der Täuschung über seine wahre Herkunft:

> Iba yo entre mí pensando en las muchas dificultades que tenía para profesar honra y virtud, pues había menester tapar primero la poca de mis padres, y luego tener tanta, que me desconociesen por ella (635).[5]

---

[4] Deutsche Übersetzung nach: *Spanische Schelmenromane*. Hg. v. Horst Baader. Bd. II. München 1965, S. 57: Mein Herr! Ich bin ein anderer geworden, und auch meine Gedanken haben sich geändert; ich strebe höher hinauf, und es paßt besser zu mir, einen höheren Rang einzunehmen.

[5] Übersetzung: Ich ging und überlegte bei mir die vielen Schwierigkeiten, die ich haben würde, wenn ich mich zu Ehre und Tugend bekennen sollte; denn ich mußte zunächst die

Daß die moralischen Vorsätze nicht weit tragen, zeigt sich in der Bereitschaft, ein Schurke zu werden (de ser bellaco con los bellacos, 618) und in der durch einen zweifelhaften Reisegenossen schnell erweckten Neigung zum Gaunerleben (S. 662).

Manche Interpreten des Romans haben dessen Protagonisten als tragische Figur auffassen wollen: Pablos scheitere bei seinen Bemühungen, sich aus dem Elend seiner Herkunft zu befreien, an den versteinerten Regeln der Ständegesellschaft.[6] Ein psychologisierender Deutungsansatz konnte zu der These führen, Pablos habe - in einer Überkompensation seiner Minderwertigkeitsgefühle - seine Ambitionen zu hoch gesteckt und sei bei deren Verfolgung mit Notwendigkeit abgestürzt.[7] Leo Spitzer gar glaubte den Helden von Quevedos Roman „in der Entwicklung zur heiter-amoralischen Selbstbehauptung in der Welt“ zu sehen.[8]

Solche Thesen sind jedoch nur schwer mit der Beobachtung in Einklang zu bringen, daß die Anstrengungen Pablos', zum „Caballero“ zu werden, mit unerbittlicher Grausamkeit ad absurdum geführt werden. Darüber konnten selbst jene Interpreten nicht hinwegsehen, die in der Geschichte des *Buscón* Tragik finden wollten.[9] Einleuchtender ist daher die Deutung, der Roman

---

wenige meiner Eltern verbergen und dann selbst so viel davon besitzen, daß man mich ihretwegen nicht wiedererkennen würde.

[6] Vgl. z.B. Sieglind Chwastek: *Pikareske Persönlichkeitsentwicklung im spanischen Schelmenroman*. Idstein 1987, S. 91 f.

[7] So A. A. Parker: The Psychology of the 'Pícaro' in 'El Buscón'. *MLR* 42 (1947), S. 58 ff., hier S. 66 f.

[8] Leo Spitzer: Zur Kunst Quevedos in seinem Buscón. In: *Archivum Romanicum* XI (1927), S. 511 ff., hier S. 550.

[9] Vgl. A. A. Parker a.a.O., S. 67: His ambition and efforts to become a gentleman are throughout satirized with relentless cruelty [...].

biete die Darstellung der „vulgarity of an ambitious, lower-class converso" zum Amüsement einer aristokratischen Leserschaft.[10]

II

Bisweilen hat man in Quevedos *Buscón* eine klare epische Komposition vermißt, die dem Werk seine erzählerische Einheit sichern könnte.[11] In der Tat nützt der Autor die Freiheiten weidlich aus, die sich durch die episodische Anlage des Pícaro-Romans ergeben. Die Schilderung der Streiche, die Pablos während seiner Studentenzeit in Alcalá begeht, können durchaus den Eindruck vermitteln, als gehe es hier nur um „la burla por la burla".[12] Eine satirische Absicht wird deutlicher greifbar, als Pablos auf seiner Reise nach Segovia mit einer ganzen Galerie karikierter Menschentypen zusammengeführt wird: Er stößt auf einen „loco repúblico y de gobierno" (630), einen Staatsnarren und Projektemacher, dann auf einen verrückten Fechtmeister, einen überspannten Dichter und auf einen heruntergekommenen *Miles gloriosus*. Aber die Fülle solcher Episoden kann nicht darüber hinwegtäuschen, daß als zentrales Motiv des Ganzen die verfehlten sozialen Ambitionen des Protagonisten, seine „pensamientos de caballero" gelten müssen.

Gegen Ende des Romans wird mit den „caballeros chanflones"[13] eine ganze Gruppe eingeführt, in der Pablos auf Gleichgesinnte trifft, die alle eine para-

---

[10] R. Bjornson (wie N. 2), S. 111.
[11] Vgl. Pura Fernández und Juan Pedro Gabino in ihrem „Estudio preliminar" ihrer *Buscón*-Ausgabe, Madrid 1996, S. 7 f.
[12] So im Hinblick auf den Roman im ganzen Fernando Lázaro Carreter: *Estilo barroco y personalidad creadora*. 4. Aufl. Madrid 1984, S. 96.
[13] Der Ausdruck ist unübersetzbar und meint falsche Edelleute, vgl. die Ausgabe von Pura Fernández und Juan Pedro Gabino (wie N. 11), S. 136, N. 2.

sitäre, hochstaplerische Existenz führen. Der in kunstvoll drapierten Lumpen auftretende Don Toribio, der sich als Mann von altchristlichem Adel ausgibt, begründet seinen Aufenthalt in Madrid ganz ungeniert damit, daß dort niemand seine Herkunft und seinen Besitzstand kennt.[14]

Zentrale Bedeutung hat die Episode, in der Pablos sich in der Rolle des Caballero präsentiert und mit einem Heiratsschwindel versucht, zu Vermögen zu kommen und sich gesellschaftlich zu etablieren. Wie schief die Position ist, in die er sich hier manövriert, wird handfest greifbar, als er - der doch selbst jüdische Vorfahren hat - sich die antisemitischen Vorurteile der aristokratisch-altchristlichen Gesellschaft zu eigen macht: Er würde lieber, so erklärt er, eine Frau reinen Geblüts ohne alle Mitgift als eine reiche Jüdin heiraten.[15] Die Geschichte endet für Pablos mit schmählicher Entlarvung und schlimmen Prügeln. Darin liegt offensichtlich keine Tragik, sondern es handelt sich um die brutale Abstrafung eines falschen, die sozialen Ordnungen mißachtenden Ehrgeizes.

Quevedos Roman verteidigt die überkommene ständische Gliederung der Gesellschaft und insbesondere das elitäre Ethos der hohen Aristokratie gegen alle Annäherungs- und Aufweichungsversuche, die sich auf die Macht des Geldes oder auf hochstaplerische Machenschaften stützen. Man muß sich in diesem Zusammenhang auch deutlich machen, daß Don Diego Coronel de Zúñiga, der Jugendfreund und erste Dienstherr Pablos', kein Muster adligen Verhaltens bietet und daß er selbst ebenfalls aus einer jüdischen Familie, allerdings aus einer reichgewordenen, stammt. Indiz dafür ist, wie man wohl

---

[14] [...] en ella [la corte] hay unos géneros de gentes como yo, que no se les conoce raíz ni mueble, ni otra cepa de la que decienden los tales (659).

[15] [...] quiero más una mujer limpia en cueros, que una judía poderosa (694).

überzeugend hat zeigen können, sein Name,[16] aber auch, daß seine Eltern den Umgang mit dem dubiosen Pablos dulden. Wenn Don Diego und seine Freunde mehrfach gegen den aristokratischen Verhaltenscodex verstoßen, so bedeutet dies nicht Kritik am Adel, sondern ist als Bloßstellung von Parvenus zu verstehen.

III

Daß der Pícaro in Quevedos *Buscón*, obwohl er als Erzähler seiner Lebensgeschichte selbst das Wort führt, durch das Werk im ganzen der Verachtung preisgegeben wird, führt zu einer Komplizierung des Erzählvorgangs. Pablos wendet sich an eine mit „Euer Gnaden“ angesprochene Instanz und empfiehlt seinen Bericht in der „carta dedicatoria“ zur Erheiterung in bedrückten Stunden. Zu diesem Zweck bemüht er sich, seine Erlebnisse in ein komisches Licht zu rücken und garniert sie mit Pointen und Wortspielen. Außerdem verdeckt er die bedenklichen Details seiner Geschichte immer wieder mit verharmlosenden und beschönigenden Wendungen, was der Leser jedoch sofort als fragwürdiges Manöver durchschauen kann. So versucht er, die magischen Praktiken der Mutter mit Totenköpfen und anderen sinistren Objekten als „Bußübungen“ auszugeben[17] und lobt den guten Willen und die Fürsorge seiner Eltern, weil sie bereit sind, ihn zur Schule zu schicken.[18] Das klingt indessen wenig überzeugend, denn kurz vorher war davon die Rede,

[16] Vgl. C. B. Johnson: ‘El Buscón’: Don Pablos, don Diego y don Francisco. *Hispanófila* 51 (1974), S. 1 ff.; ferner: A. Redondo: Del personaje de don Diego Coronel a una nueva interpretación de ‘El Buscón’. *Actas del V Congreso Internacional de Hispanistas*. Bordeaux 1977, II, S. 699 ff. Dieser Deutung folgen auch Pura Fernández und Juan Pedro Gabino im „Estudio preliminar“ ihrer *Buscón*-Edition von 1996 (vgl. N. 11), S. 17 f.

[17] No me detendré en decir la penitencia que hacía (590).

[18] Yo me quedé solo, dando gracias a Dios porque me hizo hijo de padres tan hábiles y celosos de mi bien (591).

daß der Vater ihn zur gewerbsmäßigen Dieberei überreden wollte, während ihm die Mutter ihre Hexenkünste anpries. Eine ähnliche Tendenz zu euphemistischer Umschreibung zeigt sich, als es um den kompromittierenden Beruf des Onkels geht. Pablos nennt ihn einen „rechtschaffenen Mann, der in Segovia sehr bekannt war" und der mit der Justiz in enger Verbindung stand.[19]

Daß Pablos unglaubwürdig und unfreiwillig lächerlich wirkt, wenn er sich auf solche Weise bemüht, die fragwürdigen Aspekte seines Lebensgangs abzuschwächen und umzufärben, liegt auf der Hand. In solchen Wendungen wie auch in der Rede von der „buena cepa", von der Pablos' Vater abstammen soll (589), oder von der „buena fama" einer Kupplerin und Hexe (704), zeigt sich eine Verkehrung ethischer Maßstäbe, die ihren Urheber Pablos diskreditiert und die anzuprangern Quevedos Absicht ist.[20]

Die Instanz, die hinter dem Rücken des Selbstschilderers Pablos zu spüren ist und die dessen Verwerflichkeit spürbar werden läßt, spricht bisweilen die konzeptistischen Pointen des Textes über den Kopf des erzählenden Pícaro hinweg. Das gilt auch für gewisse moralisierende Zwischenbemerkungen, die man allenfalls als heuchlerische Versuche Pablos' deuten könnte, das Einverständnis des Lesers zu gewinnen. Als Beispiel kann der Kommentar zu dem Verhalten des eitlen und habgierigen Poeten dienen: „O armseliges Leben! Doch keines ist armseliger als das von Narren, die ihren Unterhalt an

---

[19] [...] hombre allegado a toda virtud y muy conocido en Segovia por lo que era allegado a la justicia, pues cuantas allí se habían hecho, de cuarenta años a esta parte, han pasado por sus manos. Verdugo era, si va a decir la verdad, pero una aguila en el oficio (626).
[20] Vgl. dazu R. Bjornson (wie N. 2), S. 120 f., 125.

denen verdienen, die auch welche sind!"[21] Man zögert, diese Bemerkung Pablos zuzurechnen, weil er doch selbst wenig später bedenkenlos die Torheit und Arglosigkeit anderer zu seinem Vorteil ausnutzt.

Manche Passagen des Textes zeigen eine ambivalente, schillernde Färbung. Der Schlußsatz des Romans spricht eine alte, in klassischen Formulierungen überlieferte Wahrheit aus, nämlich daß der bloße Ortswechsel noch nicht die Gesinnung ändert.[22] Im Munde Pablos' ist dies wohl nur eine Redensart, die ihn dem Leser gegenüber in ein gutes Licht setzen soll. Denn daß er irgendeine Konsequenz aus dieser Erkenntnis gezogen hätte, ist nicht ersichtlich. Zugleich aber darf man in der sentenziösen Wendung das moralische Urteil Quevedos sehen, mit dem er die früheren Abenteuer und die nicht mehr erzählten Schicksale seines Pícaro in der Neuen Welt kommentiert.

IV

In Quevedos *Buscón* ist der Pícaro nicht mehr - wie im *Guzmán* - in seinem Kleinkrieg mit der korrupten Gesellschaft, im Kampf ums nackte Überleben dargestellt. Er wird vielmehr mit seiner Bemühung, durch Betrug und mit der Macht des Geldes zum Caballero aufzusteigen, zum Repräsentanten einer verächtlichen Ambition. Sie erscheint in Quevedos Augen verwerflich, weil sie die soziale Ordnung unterminiert, was besonders darin manifest wird, daß sich in Pablos' Bericht die moralischen Wertungen verkehren und verzerren.

---

[21] Vgl. *Spanische Schelmenromane* (wie N. 4), S. 67: Oh vida miserable! Pues ninguna lo es más que la de los locos que ganan de comer con los que lo son (638).

[22] [...] nunca mejora su estado quien muda solamente de lugar, y no de vida y costumbres (722). Vgl. Horaz, *Ep.* I, 11 Vers 27 und Seneca, *Ep. ad Lucilium*, XXVIII. Zur Kontroverse um die Deutung der Schlußsätze des *Buscón* vgl. den Estudio preliminar in der Ausgabe von Pura Fernández und Juan Pedro Gabino (wie N. 11), S. 32 ff.

Die Umfunktionierung, die Quevedo mit dem pikaresken Erzählmuster vornimmt (und zwar schon früh, nämlich um 1604, also weit vor dem ersten Druck des Buches im Jahre 1626), beweist die Flexibilität der Gattung und zeigt, daß die Figur des Pícaro ganz unterschiedlichen Darstellungsabsichten dienstbar gemacht werden kann. Der *Buscón* schließt sich offensichtlich an das im *Lazarillo* und im *Guzmán* erkennbare formale Schema an, und er nimmt auch das Wort „pícaro“ auf. Aber er setzt bei der Schilderung seines Protagonisten Pablos, des „príncipe de la vida buscona“ (587), ganz neue Akzente.

Man muß aber angesichts dieser literarischen Innovation nicht gleich annehmen, daß Quevedo „die Gattung des Schelmenromans durch den Dreck ziehen“ und einem Verfahren der „Dekonstruktion“ unterwerfen wollte,[23] - zumal wenn man im gleichen Atemzug feststellt, das Buch biete eine „kongeniale Ausführung einer der in der Gattung angelegten erzählerischen Möglichkeiten“.[24] Der *Buscón* demonstriert lediglich, daß der pikareske Roman von ganz unterschiedlichen ideellen Prämissen her gestaltbar war und daß er dementsprechend auch seine zentrale Figur ganz unterschiedlich bewerten und ausgestalten konnte.

Diese Offenheit (oder Multifunktionalität) der Gattung zeigt sich mit schlagender Deutlichkeit darin, daß mit Vicente Espinels *Marcos de Obregón* schon ein Gegenstück zum *Buscón* ans Licht kam, als Quevedos Buch nur durch eine Reihe umlaufender Manuskripte bekannt war. Im strikten Gegensatz zu dem durch seine dubiose Herkunft gebrandmarkten Pablos hat

---

[23] So aber Matthias Bauer: *Der Schelmenroman*. Stuttgart u. Weimar 1994, S. 50 f.

[24] M. Bauer, a.a.O., S. 51.

Espinels Marcos von Geburt den Rang eines Escudero. Das bedeutet, daß er als Kleinadliger soziale „Ehre“ im Sinne der spanischen Gesellschaft besitzt und nicht zu kriminellen Mitteln greifen muß, um sich einen anerkannten Rang zu verschaffen. Der durch Armut und Unglücksfälle auf eine pikareske Wanderschaft getriebene Marcos vergißt nie die Pflichten seines Standes und verhält sich durchweg korrekter als ein plebejischer Pícaro vom Schlage Lazarillos und erst recht besser als Pablos.[25] Zwar greift auch er zu Tricks und Listen, und nicht immer sind seine Mittel ganz unbedenklich. Aber letztlich dienen seine Streiche immer der Verteidigung der Gerechtigkeit und der Moral.[26]

Seine strengen Grundsätze zeigen sich in der Reserve gegenüber pikaresken „burlas“: „Streiche, die zum Ärgernis aller und zum Schaden eines einzelnen gereichen können, sind weder erlaubt noch irgendwie gestattet [...] Streiche müssen selten sein und dürfen Dritten nicht schaden, auch müssen sie von solcher Art sein, daß eben der, dem man sie spielt, sein Vergnügen daran hat.“[27] Als er selbst zum Opfer eines pikaresken Streiches wird, zahlt er mit gleicher Münze zurück und verflucht das Treiben der Vagabunden und Müßiggänger, die als Parasiten der Gesellschaft ihr Leben fristen.[28]

---

[25] Vgl. dazu Andreas Stoll: Wege zu einer Soziologie des pikaresken Romans. In: H. Baader und E. Loos (Hg.): *Spanische Literatur im Goldenen Zeitalter. Festschrift für Fritz Schalk zum 70. Geburtstag.* Frankfurt 1973, S. 461ff., hier S. 498 f.

[26] Vgl. R. Bjornson (wie N. 2), S. 80.

[27] Vicente Espinel: *Vida del escudero Marcos de Obregón.* Deutsche Übersetzung nach: *Spanische Schelmenromane*. Hg. v. Horst Baader, Bd. II, München 1965, S. 324 f. Im Original: [...] burlas de que puede resultar escándalo general y daño particular, ni son lícitas ni se permiten por camino alguno [...] Las burlas han de ser pocas y sin daño de tercero, y tales, que el mismo contra quien se hacen guste dellas. Text nach: *Novela picaresca española* (Clásicos hispanicos Noguer), Tomo I. Barcelona 1974, S. 376, 377.

[28] Estos hombres vagamundos y ociosos, que se quieren sustentar y alimentar de sangre ajena, merecen que toda la república sea su fiscal y verdugo (a.a.O., S. 291).

Gleichwohl gehört Marcos selbst auch zur literarischen Zunft der Schelme. Davon zeugen sein durch Armut erzwungenes Wanderleben, seine Abenteuerlust[29] und die Wendigkeit, mit der er die verschiedensten Rollen übernimmt und heikle Situationen meistert. Espinel stellt sich durch die Wahl der autobiographischen Erzählform und die episodische Anlage seines Romans in die pikareske Tradition, die er jedoch durch die Umwertung des Pícaros transformiert, - so sehr, daß manche Kritiker das Buch nicht mehr als „pikaresk" im prägnanten Sinn anerkennen mochten.[30]

Daß schon vor 1620, also in den ersten beiden Jahrzehnten der Gattungsentwicklung nach Erscheinen des *Guzmán*, Romane mit ganz unterschiedlich konzipierten Pícaro-Figuren hervortraten, muß davon abhalten, mit dem oft benutzten Begriff eines „pikaresken Mythos" allzu konkrete, inhaltlich fixierte Vorstellungen zu verbinden. Viel mehr als daß es sich um die in der Form einer fiktiven Autobiographie erzählte Geschichte eines am Rande der Gesellschaft stehenden, bindungslos vagabundierenden Menschen handelt, der sich mit Listen und oft nicht unbedenklichen Streichen durch die Welt schlägt, wird man kaum sagen können.[31] Zur Bestimmung und Abgrenzung der Gattung dient daher am besten ein flexibles Modell, das „die einzelnen Werke und deren historischen Kontext erfaßt und zugleich die gemeinsamen

---

[29] Yo, con el deseo que tenía de ver mundo, desemparé los estudios y me acogí en compañia de un amigo capitán (a.a.O., S. 358).

[30] Vgl. z. B. Marcel Bataillon: Les nouveaux chrétiens dans l'essor du roman picaresque. *Neophilologus* 48 (1968), S. 283 ff., hier S. 292. Anders die herrschende Meinung, vgl. F. Lázaro Carreter (wie N. 1), S. 200 und R. Bjornson (wie N. 2), S. 76 ff.

[31] Vgl. Claudio Guillén: Toward a Definition of the Picaresque. In: *Literature as System*. Princeton 1971, S. 71, 79; auch Bjornson benutzt den Begriff, vgl. *The Picaresque Hero* (wie N. 2), S. 5, spricht aber im Hinblick auf *Marcos de Obrégon* von einer „modification of the picaresque myth" (a.a.O., S. 78). Überanstrengt ist das Konzept bei Alexander Blackburn: *The Myth of the Pícaro. Continuity and Transformation of the Picaresque Novel 1554 - 1954*. Chapel Hill 1979.

Merkmale angibt, die ihre Rubrizierung unter derselben Kategorie rechtfertigen."[32] Die Gattungsgeschichte stellt sich dann als ein dynamischer, in neuen historischen Lagen immer neue Varianten hervorbringender Prozeß dar, in dem jedes neue Werk - sofern es nicht in bloßer Epigonalität steckenbleibt - sich den vorangehenden Exemplaren der Gattung zugleich anschließt wie produktiv entgegenstellt.[33]

[32] So R. Bjornson, a.a.O., S. 5.
[33] Ähnlich F. Lázaro Carreter: *Para una revisión del concepto „Novela picaresca"* (wie N. 1), S. 198.

Der Pícaro im bürgerlichen Zeitalter

Zu Ludwig Tiecks Übersetzung des Marcos de Obregón *und zu seiner Novelle* Wunderlichkeiten

I

Schon häufig ist festgestellt worden, daß der pikareske Roman in der Aufklärung zunehmend an Boden verliert und im 19. Jahrhundert fast völlig aus dem Bestand der lebenden literarischen Gattungen verschwindet. Den Grund für diese Entwicklung hat man meist darin finden wollen, daß bürgerliche Autoren und Leser den Schelm, das heißt den sozialen Außenseiter, der in einer feindlichen Umwelt einen rigorosen Kampf ums Überleben führt, nicht mehr als paradigmatische, sympathisierende Teilnahme fordernde Figur empfinden konnten.[1] Das Darstellungsinteresse des Romans wendete sich im bürgerlichen Zeitalter mehr und mehr einer verklärenden Bestätigung der sozialen Ordnung und dem Problem der Integration in die Gesellschaft zu. An die Stelle des pikaresken Außenseiters trat dabei der eine Versöhnung von Ich und Welt anstrebende Protagonist der Bildungs- und Entwicklungsgeschichten.

Der literaturhistorische Befund, daß die Gattung des Schelmenromans vom frühen 18. bis ins 20. Jahrhundert hinein eine Baisse durchmacht, ja nahezu verschwindet, ist wohl unbestritten; man hat jedoch neuerdings angezweifelt, daß dies auf das Vorherrschen bürgerlicher Wertvorstellungen zurückzu-

---

[1] R. Bjornson: *The Picaresque Hero in European Fiction.* Madison, Wisc. 1977, S. 154; R. Alter: *Rogue's Progress. Studies in the Picaresque Novel.* Cambridge, Mass. 1964, S. 114; J. Jacobs: *Der deutsche Schelmenroman.* München 1983, S. 89 f.

führen sei.[2] Zugleich wurde die These vertreten, daß man überall dort auf „Reste des pikarischen Erzählens" stoße, wo die Autoren in bewußter Opposition gegen den klassischen Bildungsroman schrieben, zum Beispiel in der deutschen Romantik. Das Motiv des Wanderers in Eichendorffs *Taugenichts* oder in Tiecks *Sternbald* wird so zum Indiz dafür, daß diese Texte mit der Tradition des Schelmenromans in Verwandtschaft stehen; in gleichem Sinn wird die verwilderte Kompositionsweise von Brentanos *Godwi* oder von Friedrich Schlegels *Lucinde* bewertet.[3]

Es ist offensichtlich, daß die mit solchen Hinweisen angedeuteten Affinitäten sehr verschwommen bleiben, was wohl auch die eigentümliche Formulierung anzeigt, der Brentanosche *Godwi* zeige eine „entfernte Nähe zum pikarischen Erzählen."[4] Konkretere Aussagen über das Verhältnis zur pikaresken Tradition dürften anhand solcher Texte möglich werden, die sich ausdrücklich in Bezug zu den älteren Schelmenromanen setzen. In Ludwig Tiecks umfänglicher literarischer Hinterlassenschaft finden sich zwei Arbeiten, die in diesem Zusammenhang besondere Aufmerksamkeit verdienen: die von seiner

---

[2] Vgl. Koopmann: Píkaro in der Romantik? Eine Spurensuche. In: G. Hoffmeister (Hg.): *Der moderne dt. Schelmenroman. Interpretationen.* Amsterdam 1986 (=Amsterdamer Beiträge zur neueren Germanistik 29), S. 24 f., 30. Koopmann findet den Grund für die Zurückdrängung des pikaresken Genres vor allem in der klassischen Ästhetik Schillers mit ihrer Reserve gegen ein komisch-realistisches Erzählen (ebd. S. 30 f.). Allerdings bleibt damit unerklärt, daß sich das Verschwinden des Schelmenromans und die Auflösung der pikaresken Elemente in den *Buscón*-Bearbeitungen bereits weit vor Schiller beobachten lassen. Vgl. dazu R. Bjornson (wie N. 1), S. 148 f. und 161 ff., sowie G. Rötzer: Die Metamorphosen des Píkaro. Einige Anmerkungen zur Wirkungsgeschichte des *Buscón*. In *Daphnis* 10 (1981), S. 257 ff.

[3] Vgl. Koopmann (wie N. 2), S. 31 und 35 f.

[4] Ebd. S. 37. Daß die Urteile Koopmanns auf nicht hinreichend geklärten Prämissen beruhen, zeigt folgende Bemerkung: „So sind auch Spuren pikaresken Erzählens nicht am pikarischen Erzählen an sich zu messen [...]" (ebd. S. 35, Anm. 26). Dem wäre entgegenzuhalten, daß Aussagen über die Affinität bestimmter Texte zur Gattungstradition des Schelmenromans mit Kriterien begründet werden müssen, die an den wichtigsten Mustern des „pikarischen Erzählens" abgelesen sind. Andernfalls bleiben die Thesen völlig willkürlich.

Tochter übersetzte und von ihm selbst kommentierte und herausgegebene deutsche Fassung von Vicente Espinels *Marcos de Obregón* sowie die späte Novelle *Wunderlichkeiten.*

II

Daß Ludwig Tieck sich um die deutsche Übersetzung eines spanischen Pícaro-Romans bemüht hat, wird beim ersten Blick überraschen. Denn sowohl die Werke seiner romantischen Periode als auch seine späteren biedermeierlichen Romane und Novellen scheinen doch dem Geist der Schelmengeschichten im Stil des *Lazarillo* oder des *Guzmán* fernzustehen. Immerhin hat sich Tieck, wie man weiß, intensiv mit der spanischen Literatur beschäftigt, und zwar keineswegs nur mit Cervantes und Calderon.[5] Daß dabei sein Blick auch auf den pikaresken Roman fiel, war angesichts der prominenten Stellung dieser Gattung in der spanischen Literaturgeschichte fast unvermeidlich.

Höchst bezeichnend ist nun allerdings, daß Tiecks Wahl sich auf Vicente Espinels *Marcos de Obregón* richtete, als er dem deutschen Publikum ein Beispiel aus der Tradition des Pícaro-Romans vorstellte.[6] Denn dieses Buch repräsentiert eine harmonisierende Variante der Gattung: Ihm fehlt die scharfe Sozialkritik der meisten anderen Schelmenromane, und sein Held

[5] Siehe dazu zusammenfassend A. Hölter: *Ludwig Tieck. Literaturgeschichte als Poesie.* Heidelberg 1989, S. 55 ff.

[6] Tiecks Ausgabe ist im folgenden nach dem Erstdruck zitiert: *Leben und Begebenheiten des Escudero Marcos Obregón. Oder Autobiographie des Spanischen Dichters Vicente Espinel.* Aus dem Span. zum erstenmale in das Dt. übertragen, und mit Anm. und einer Vorrede begleitet von Ludwig Tieck. 2 Bde. Breslau 1827. Der spanische Originaltext ist

stellt die soziale Hierarchie und die göttliche Weltordnung nie in Frage.[7] In Espinels Roman trifft man daher nicht auf die düstere und desillusionierte Weltsicht, die ansonsten die pikaresken Erzählwerke weithin bestimmt.[8] Marcos de Obregón, der Held und Erzähler des Buches, zeigt eine Reihe von Merkmalen, die ihn von anderen Pícaros deutlich abheben: Er ist keineswegs von niederer oder obskurer Herkunft, er zeigt keinerlei kriminelle Neigungen und ist nicht einmal sonderlich dazu aufgelegt, anderen einen Streich zu spielen. Als man ihn beredet, einen lästigen Narren hinters Licht zu führen und zu blamieren, lehnt Marcos dies aus moralischen Gründen ab:

> [...] burlas de que puede resultar escándalo general y *daño* particular, ni son lícitas, ni se permiten por camino alguno [...] *Yo* no puedo tragar una mentira ni engaño, porque se arremete a desdorar la opinión de quien se tiene por hombre de bien. Las burlas han de ser pocas y *s*in daño de tercero, y tales, que el mismo contra quien se hacen guste dellas.[9]

Diese Episode zeigt wie viele andere, daß Marcos nicht erst als rückblickender Erzähler moralisiert, sondern daß er schon mitten in seinen Abenteuern an strengen Grundsätzen festhält. Immer wieder redet er seinen Mitmenschen ins Gewissen und macht sich selbst Vorwürfe, wenn er eine Unbesonnenheit begangen hat.

Man darf indessen nicht übersehen, daß Espinels (aus autobiographischem Stoff geschaffener) Romanheld auch eine ganze Reihe von Charakteristika aufweist, die ihn als Bruder der Pícaros erscheinen lassen:[10] Er ist durch Ar-

---

angeführt nach: Espinel: *Vida de Marcos de Obregón.* Ed., prólogo y notas de Samuel Gili Gaya. 2 Bde. Madrid [5]1969/70 (Clásicos Castellanos).

[7] Vgl. R. Bjornson (wie N. 1), S. 76, 80.

[8] H. Baader im Nachwort zu der von ihm herausgegebenen Sammlung *Spanische Schelmenromane.* München 1964/65. Bd. II, S. 626.

[9] Espinel: *Marcos de Obregón.* I/23; Bd. I, S. 281, 282.

[10] Vgl. dazu H. Baader (wie N. 8), S. 620 f.

mut genötigt, sein Vaterhaus zu verlassen, und macht eine von zahllosen Widrigkeiten in Bewegung gehaltene Lebensgeschichte durch. Er muß in immer neue Rollen hineinfinden und beweist die Fähigkeit, sich durch pfiffige Einfälle und deren kühne Realisierung in verwickelten Lagen zu helfen. Aber in allen Wechselfällen des Schicksals bewahrt er seine moralische Integrität. Seine Listen und Streiche dienen immer der Gerechtigkeit, weshalb man hat sagen können, sie seien „nur dem äußeren Schein nach pikaresk."[11]

Daß die konstitutiven Elemente des Schelmenromans in Espinels Buch eine neue Bedeutung bekommen, zeigt sich besonders deutlich in der Gestaltung des Erweckungserlebnisses, das dem Pícaro bei der ersten Kollision mit der Schlechtigkeit der Welt widerfährt.[12] Der junge Marcos wird in einem Wirtshaus in Córdoba zum Opfer eines betrügerischen Schmeichlers, der seine Arglosigkeit schamlos ausnützt. Aus dieser schmerzhaften Erfahrung zieht Marcos nun aber nicht wie Lazarillo oder Pablos die Konsequenz, daß die Welt dem Prinzip des ‚Homo homini lupus' folge und man mit den Wölfen heulen müsse, sondern er glaubt Anlaß zu haben, Gelassenheit gegenüber den Dingen der Welt zu lernen.[13] Immerhin läßt er sich durch seine Rachegefühle dazu verführen, den Betrüger durch eine Intrige bloßzustellen und der Justiz in die Hände zu liefern. Als rückblickender Erzähler distanziert sich Marcos von dem niederen Motiv der Rache, aber er rechtfertigt seine Handlungsweise damit, daß sie einen Schurken der gerechten Strafe zugeführt habe. Das Urteil, das er dem Gauner nachschleudert, trifft die Zunft der Pícaros gleich

---

[11] Ebd. S. 624.

[12] Vgl. zu diesem Motiv G. A. Alfaro: El despertar del pícaro. In: *RF* 80 (1968), 44 ff., und meinen Beitrag *Das Erwachen des Schelms* in diesem Band.

[13] V. Espinel: *Marcos de Obregón* I/9; Bd. I, S. 147: „No tenía de qué correrme por lo hecho, sino de qué aprender para adelante a desapasionarme de las cosas del mundo."

mit: „Estos hombres vagamundos y ociosos, que se quieren sustentar y alimentar de sangre ajena, merecen que toda la república sea su fiscal y verdugo.“ [14]

All dies zeigt, daß Espinels *Marcos de Obregón* in der Tat die bis dahin gültigen Konventionen des pikaresken Genres modifiziert, indem das Buch seinen Helden stärker an moralische Vorstellungen bindet und die schroffe Gegenüberstellung des Schelms und seiner sozialen Umwelt abmildert. An diese Tendenz zur Harmonisierung wird später Lesage in seinem *Gil Blas* anschließen.[15]

Auch Tieck mußte Espinels Buch mit seinem entkriminalisierten Helden weniger anstößig erscheinen als etwa der *Lazarillo* oder *El Buscón.* Wenn er in der Übersetzung des *Marcos de Obregón* tiefe Eingriffe in den Text vornimmt[16] und vor allem die moralisierenden Passagen streicht,[17] dann bedeutet das keineswegs, daß er die moralische Betrachtung der erzählten Vorgänge abschwächen oder zurückdrängen will. Vielmehr gibt sich Tieck bisweilen noch bedeutend strenger als Espinel. Das gilt etwa für die Episode, in der sich der unschuldig eingesperrte Marcos aus dem Gefängnis befreit: Er täuscht dem Kerkermeister vor, Gold machen zu können, läßt sich dazu alle möglichen Utensilien beschaffen und blendet den vertrauensselig gewor-

---

[14] V. Espinel: *Marcos de Obregón.* I/9; Bd. I, S. 151.
[15] Vgl. zur gattungsgeschichtlichen Position des *Marcos de Obregón* vor allem R. Bjornson (wie N. 1), aber auch A. A. Parker: *Literature and the Delinquent. The Picaresque Novel in Spain and Europe 1599 – 1753.* Edinburgh 1967, S. 54 f.
[16] Unklar ist, ob die beträchtlichen Kürzungen erst auf eine Redaktion Tiecks selbst zurückgehen oder ob sie bereits von seiner Tochter bei der Übersetzung vorgenommen wurden.
[17] Darauf macht Tieck gelegentlich in seinen Anmerkungen aufmerksam. Vgl. z. B. Bd. I, S. 256, Anm. 30.

denen Wärter. Dies ist nun offensichtlich ein pikaresker Streich, eine Art Selbsthilfe, die listig ausgedacht und nicht ohne Brutalität durchgeführt wird. Marcos rechtfertigt seine Tat mit der Überlegung, daß man für die Freiheit alles tun könne, obgleich hier der *pobre carcelero* habe dafür zahlen müssen. Anschließend räsoniert er ausführlich über das Unheil, das durch die Habgier über die Menschen kommt.[18] Tieck streicht diesen reflek-tierenden Exkurs, weil er ihn als unpassend, ja inhaltlich als unhaltbar empfindet. Offensichtlich ist er nicht bereit, dem Protagonisten von Espinels Buch das Recht zu pikarischer List und Bedenkenlosigkeit einzuräumen. In einer Anmerkung distanziert er sich daher ausdrücklich von der Gefängnis-Episode:

> Wie aber der moralische Verfasser, der bei jeder Gelegenheit, scheinbar bei sich anfangend, seinen Nebenmenschen jeden Fehler aufsticht und jedes Gebrechen mit scharfen Tadel rügt, diese That von sich selbst nur irgend rechtfertigen, oder entschuldigen konnte, ist unbegreiflich. Hier ist er mehr als *Picaro*. [...].[19]

Aus der letzten Bemerkung läßt sich entnehmen, daß Tieck eine Vorstellung vom Held des pikaresken Romans besitzt, die gewaltsame oder kriminelle Handlungsweisen ausschließt. Zwar sieht er durchaus, daß im Spanischen das Wort *Pícaro* einen Menschen bezeichnet, „der zum Gesindel gehört, lose Streiche ausführt, mehr oder minder betrügt", daß es für die „untersten Küchenjungen" benutzt wird oder auch „alle niedrige, schmutzige Aufwärter" meint. Aber für die literarische Figur gelten Einschränkungen: „Ein grober Schelm, ohne List und Feinheit, kann niemals ein *pícaro* genannt werden." Tieck versteht die Figur und die von ihr lebenden Romane als eine „Maske oder Art des Spaßes", mit der die Spanier ihrer Würde ein „gewisses Gegen-

[18] Espinel: *Marcos de Obregón.* II/2; Bd. II, S. 139 f.
[19] Tieck: *Marcos,* Bd. II, S. 175, Anm. 1.

gewicht" zu geben versuchten, – so wie die Italiener in ihren Novellen einen „oft großartigen und fast eben so oft ärgernden Witz" erkennen ließen oder sich bei den Engländern Humor und Laune fänden. In der spanischen Literatur zeige sich, so meint Tieck, „schon früh, wenn man es so nennen will, eine Zärtlichkeit für Charaktere und deren Schilderung, die sich oft das Unerlaubte erlauben."[20]

Auch wenn Tieck in einer Nebenbemerkung einfließen läßt, die spanische Vorliebe für den Pícaro sei „vielleicht auch eine Folge der Verarmung", fehlt ihm doch offenbar eine genauere Vorstellung von der spannungsreichen sozialen Situation, aus der die Gattung des Schelmenromans hervorgegangen ist. Ohne Zweifel unternimmt er eine Verharmlosung der pikaresken Tradition, wenn er sie lediglich als „Art des Spaßes" auffaßt und sie gar mit „gewissen Studentenspäßen" in Parallele setzt, die früher in der deutschen Literatur (wohl in Werken wie Happels *Akademischem Roman*) eine große Rolle gespielt hätten. Man darf auch zweifeln, ob er die sozialkritischen Implikationen des Schelmenromans hervorheben wollte, wenn er mit einer allzu kühnen Etymologie auf Beaumarchais verweist, der „den Pícaro, seinen Figaro, mit geringer Namensänderung dem ganzen Europa" geschenkt habe.

Daß Espinels Marcos in mancher Hinsicht zur Familie der Schelme zu zählen ist, verkennt Tieck nicht: „Auch unser moralisierender Obregón ist mehr als einmal auf Streiche eitel, die das Gepräge des *picaresco* haben." Aber offenbar mißbilligt Tieck diese Affinität (wie man auch seinem Kommentar zu der

[20] So Tiecks Erläuterungen zum Stichwort *El Pícaro; Marcos de Obregón.* Bd. I, S. 252, Anm. 17. Dort auch das Folgende.

Gefängnis-Episode entnehmen darf), ja er betrachtet sie als dem Charakter des Werks und seines Helden eigentlich nicht angemessen.

Die Art, wie Tieck den Schelmenroman beschreibt und wie er die pikaresken Züge des *Marcos de Obregón* kommentiert, läßt eine deutliche Distanz zu dieser literarischen Gattung erkennen. Einige der wichtigsten Charakteristika des Schelms, nämlich seine Asozialität, die sich aus der aufgezwungenen Außenseiterschaft ergibt, seine parasitären Züge und die zum Zweck der Selbsterhaltung dreist und bedenkenlos begangenen Normverletzungen versteht Tieck nicht als bedeutungsvolle Merkmale der Gattung. Vielmehr sucht er sie in seiner Deutung abzuschwächen und nach Möglichkeit aufzulösen. Daher reklamiert er für den literarischen Pícaro „List und Feinheit", er beanstandet bei Marcos de Obregón die gelegentliche Neigung zu handfesten Streichen und erklärt die Genese der Gattung lediglich aus dem Bedürfnis der spanischen Nation, ein komisches Gegengewicht zu ihrem Ernst und ihrer Würde auszubilden.

Die Gründe für Tiecks Reserve gegenüber der Amoralität des Schelms und für seine Neigung zu einer harmonisierenden Deutung des pikaresken Romans werden deutlicher erkennbar, wenn man seine Novelle *Wunderlichkeiten* analysiert, die ihre Fabel ganz offen zur pikaresken Erzähltradition in Bezug setzt.

III

Zu den Hauptfiguren der 1837 zuerst erschienenen *Wunderlichkeiten*[21] zählt ein Glücksritter, dessen hochstaplerische und kriminelle Existenz mit der Lebenshaltung der klassischen Pícaros ausdrücklich in Zusammenhang gebracht ist. Der falsche Graf Liançon, der am Ende in aller Eindeutigkeit ein „gemeiner Abenteurer, Lügner und falscher Spieler, ja sogar ein Dieb und Räuber" genannt wird (97), hat den naiven Pfarramtskandidaten Martin zu seinem Sekretär gemacht und versucht ihn zu pikarischen Grundsätzen zu bekehren. Mittel dazu ist die Lektüre, insbesondere die von Lesages *Gil Blas*. Dieses Buch, so hört der Zögling des Hochstaplers, enthalte „eigentlich die wahre Weltweisheit, oder die Weisheit der Welt, um durch diese zu kommen, sein Glück zu machen und niemals betrogen zu werden" (23). Neben Lesage liest er Mateo Alemáns *Guzmán,* den *Lazarillo,* den *Estevanillo Gonzalez* und die *Pícara Justina.* Als literaturhistorische Erkenntnis hält er fest (23): „Die Spanier haben einen Überfluß an diesen schnurrigen Romanen, wo Alles immer auf Prellerei, Betrug, Diebstahl, Lüge und künstliche Bettelei hinausläuft." Aber auch Beispiele aus der englischen Literatur des 18. Jahrhunderts wie Defoes *Moll Flanders* und Smolletts *Count Fathom* fehlen auf Martins Lektüreplan nicht.

In Tiecks Novelle erscheinen die pikaresken Romane als Apologien des Verbrechens und der Skrupellosigkeit. Der dubiose Graf ermuntert den jungen Theologen zu dreistem Zupacken und sagt zur Begründung, das Gesetz des Weltlaufs sei die Gewalt (71):

[21] Die Seitenangaben im Text beziehen sich auf Ludwig Tieck: *Schriften in zwölf Bdn.* Hg. v. M. Franck u.a., Frankfurt 1986 ff.; hier nach Bd. 12: *Schriften 1836 - 1852.* Hg. v. U. Schweikert.

> Der Räuber, der dem Wanderer seine Börse abfordert, wäre wohl sehr lächerlich, wenn er schüchtern sich anstellte. Und, so viel wirst du doch wohl schon gelernt und eingesehen haben, daß das ganze Getreibe, Markten, Drängen und Stoßen auf dieser Bühne der sogenannten großen Welt ein feineres, anständigeres Raubsystem ist.

Solche wüsten Lehren erinnern den jungen Martin sogleich an *Gil Blas*, *Guzmán* und *Count Fathom*, sie versetzen ihn in Angst und wecken die Sehnsucht „nach seiner aufgegebenen Theologie und der stillen Landpfarre" (71). Wenn der pikareske Roman auf solche Weise als Apologie des Gaunertums begriffen wird, dann bezieht sich diese Deutung offensichtlich auf das Selbstverständnis des Schelms zu Beginn seiner Laufbahn: In aller Regel nämlich wird ihm durch eine schockartige Erfahrung bewußt, daß die Welt schlecht ist und nur den zur Schlechtigkeit Entschlossenen überleben läßt.[22] Allerdings begründet diese Erkenntnis keineswegs die offizielle Moral des pikaresken Romans. Vielmehr wird häufig, wie die Beispiele des *Guzmán,* des *Gil Blas* oder des *Simplicissimus* zeigen, der Schelm am Ende als Büßer oder Bekehrter vorgeführt. Dieses Moment fällt jedoch für Tieck nicht ins Gewicht. Daß etwa Gil Blas allen pikaresken Abenteuern abschwört und in einer behaglichen Existenz auf dem Lande seinen Frieden findet, spielt für die Bewertung des Romans in den *Wunderlichkeiten* keine Rolle.

Auf diese Weise entsteht ein recht einseitiges Bild der pikaresken Romane: Im Vordergrund steht die mit moralischem Schauder betrachtete asoziale Schelmenexistenz, und deren Schilderung wird als reine Anleitung und Ermunterung zur Gaunerei verstanden. Als Kontrast dient das gemütvoll gezeichnete Bild einer mit sich selbst zufriedenen, rechtschaffenen Bürgerlichkeit. Das Bekenntnis zu dieser Sphäre spiegelt sich in dem Satz,

---

[22] Vgl. dazu die oben in Anm. 12 gegebenen Hinweise.

mit dem der zeitweise vom rechten Weg abgekommene Martin seine Erfahrungen resümiert (100): „Wie wohl ist es Einem doch eigentlich, im Mittelstande zu leben, wo weder großes Glück noch ungeheures Unglück den Menschen trifft!"

Die Novelle *Wunderlichkeiten* wird so zusammen mit anderen Arbeiten des späten Tieck (etwa dem *Jungen Tischlermeister* von 1836) zum Musterfall für die Tendenz des Biedermeier zu einem „Mittelstandsrealismus" und zur Verklärung der bürgerlichen Lebensform[23]. Darüber hinaus, und darum geht es vor allem in den hier angestellten Überlegungen, liefert die Novelle deutliche Anhaltspunkte für die innere Distanz des bürgerlichen Zeitalters gegenüber der pikaresken Erzähltradition. Am besten greifbar ist dies am Ende der *Wunderlichkeiten,* wo die Abwendung von der pikaresken Literatur ganz ausdrücklich vorgeführt ist: Der vor der bedenklichen Karriere des Schelms gerettete Martin liest, wie der letzte Satz des Werkes mitteilt, nicht mehr den gefährlichen *Gil Blas,* sondern „mit Frau und Mutter, zu seiner Erbauung, Goldsmith's *Dorfprediger von Wakefield*" (106). Dieser Roman, der so anschaulich das Familienglück „at a cheerful fireside"[24] schildert, war bekanntlich schon für Goethe die literarische Parallele zur ländlichen Pfarrhaus-Idylle in Sesenheim[25]. Keinesfalls kann man Goldsmith's *Vicar* selbst, wie gelegentlich gemeint wird, als pikareskes Erzählwerk verstehen[26].

[23] Vgl. Rolf Schröder: *Novelle und Novellentheorie in der frühen Biedermeierzeit.* Tübingen 1970, S. 41 f.
[24] Oliver Goldsmith: *The Vicar of Wakefield.* London/New York 1965 (Everyman's Library), S. 222, vgl. besonders Chap. VI, S. 28 ff., das in älteren Ausgaben den Titel *The Happiness of a Country Fire-Side* trägt. Vgl. *The Miscellaneous Works of Oliver Goldsmith* [...], ed. by Washington Irving, Esq., I (Paris 1825), S. 29.
[25] Vgl. Goethe: *Dichtung und Wahrheit.* II/10; HA IX, S. 434.
[26] In diese Richtung deutet U. Schweikert in seinem Kommentar zu der hier benutzten Textausgabe, S. 1095 (vgl. N 21). Er folgt dabei offenbar Thesen aus der anglistischen

Allenfalls die Einlage mit der Geschichte des Sohnes George (Chap. XX) zeigt ihrem Thema und der Anlage nach Affinitäten zur Tradition des Schelmenromans. Im ganzen jedoch handelt es sich beim *Vicar of Wakefield* – was die Fabel angeht – um einen empfindsamen Prüfungsroman, und die Titelfigur ist mit ihrer rührenden Weltfremdheit und ihrer unerschütterlichen Gottes- und Tugendliebe das gerade Gegenteil eines Pícaro. Das hat auch Tieck so empfunden, wie die Kontrastierung der beiden Romane von Goldsmith und Lesage beweist.

Die beiden Bücher stehen ganz offensichtlich für zwei Welten: Die Sphäre der bürgerlichen Sekurität, der heimelig-bescheidenen Familienidylle tritt in scharfen Gegensatz zu der mit Mißtrauen und heimlichem Grausen betrachteten Welt des ruhelosen, an den sozialen Normen rüttelnden Pícaro. Mag auch zum Schluß von Tiecks Novelle auf den zum Landpfarrer gewordenen Martin ein Schimmer von Ironie fallen, so kann doch kein Zweifel bestehen, daß hier die Genügsamkeit und Anpassung predigende Mittelstandsmoral den Maßstab für ein sehr kritisches Urteil über den Schelmenroman bietet. Man wird die *Wunderlichkeiten* deshalb ebenso wie Tiecks Kommentare zum *Marcos de Obregón* als Beleg für die These betrachten können, daß die Zurückdrängung des pikaresken Romans in der europäischen Literatur des 18. und 19. Jahrhunderts ihre Gründe im moralischen Wertsystem und in den sozialen Ordnungsvorstellungen des Bürgertums hat.

Literatur, vgl. etwa Erwin Wolf: *Der engl. Roman im 18. Jh. Wesen und Formen.* Göttingen 1964, S. 138.

Thomas Manns *Felix Krull* und der europäische Schelmenroman

I

Thomas Mann selbst hat bekanntlich den „Felix Krull“ zum „Typ und zur Tradition des pikaresken, des Abenteurer-Romans“ gerechnet, als dessen Muster in der deutschen Literaturgeschichte Grimmelshausens *Simplicissimus* anzusehen sei (XI. 530; vgl. auch XI. 704). Als er im Oktober 1951 einen Aufsatz des Germanisten Oscar Seidlin las, der „pikareske Elemente“ in seinem Werk untersuchte und dabei das *Krull*-Fragment besonders in den Vordergrund stellte, fühlte sich Thomas Mann bestätigt und inspiriert. Er schrieb dem Autor, seine Abhandlung habe ihm eben jene Anregungen vermittelt, die er zur Weiterarbeit an seinem Roman brauche.[1]

Daß dies keine bloß höfliche Danksagung war, wie sie sich in Thomas Manns Briefen vielfach findet, sondern daß hier in der Tat einer der seltenen Fälle vorliegt, wo die Literaturwissenschaft befruchtend auf das Werden eines bedeutenden literarischen Werks eingewirkt hat, bezeugt Thomas Manns Tagebuch. Er notiert sich unter dem Datum des 9. Oktober 1951:

> Wiederholt den Picaro-Aufsatz von Seidlin durchgesehen, die stimulierenden Stellen unterstreichend. Gesichtspunkte, die ich brauche, wenn ich mit dem Krull vorwärts kommen will.[2]

---

[1] Brief an Oscar Seidlin vom 10. X. 1951. Zit. nach Thomas Mann: *Briefe 1948 - 1955*. Hg. v. Erika Mann. Frankfurt/M. 1965, S. 223. Der Aufsatz „Picaresque Elements in Thomas Mann's Works“ war in *Modern Language Quarterly* 12 (1951), S. 183 - 200, erschienen. Im Text wird Thomas Mann nach der Ausgabe der *Gesammelten Werke in dreizehn Bänden* (Frankfurt 1974) zitiert.

[2] Thomas Mann: *Tagebücher 1951-1952*. Hg. v. Inge Jens. Frankfurt/M. 1993, S. 117.

Schon vorher hatte Thomas Mann sich den *Simplicissimus* wieder zur Lektüre vorgenommen,[3] offensichtlich auch im Zusammenhang mit der Weiterführung des seit Jahrzehnten liegengebliebenen Hochstapler-Romans.

Es kann angesichts solcher Umstände in der Entstehungsgeschichte und auch in Anbetracht der Selbstkommentierungen des Autors nicht überraschen, daß die Kritiker und Interpreten zahlreiche inhaltliche und formale Übereinstimmungen zwischen den *Bekenntnissen des Hochstaplers Felix Krull* und älteren Beispielen der Gattung Schelmenroman konstatieren konnten.

Das gilt zunächst für die zentrale Figur des Pícaro selbst. Er stammt in aller Regel aus dubiosen Verhältnissen und muß sein Leben am Rande der etablierten sozialen Ordnung fristen. Um sich gegen eine feindliche Welt zu behaupten, sagt er sich von den anerkannten moralischen und rechtlichen Normen los und greift unbedenklich zu den Mitteln der List, des Betruges und des Diebstahls. Auch Felix Krull steht als Hochstapler und Hoteldieb in einem parasitären Verhältnis zur Gesellschaft. Daß seine Laufbahn ins Zuchthaus führt, ist das schlagende Indiz für seine Außenseiterschaft.

Eine Parallele zu den älteren pikaresken Erzählwerken liegt auch in der episodischen Anlage von Thomas Manns Hochstapler-Roman. Da der Schelm nicht durch die Ausübung eines festen Berufs oder durch familiäre Bindungen in die Gesellschaft dauerhaft integriert ist, treibt es ihn unstet durch die Welt, von einem Schelmenstück zum nächsten. Er wechselt die Rollen mit den Milieus, die er durchläuft, und wird zum Diener vieler Herren.

---

[3] Vgl. *Tagebücher 1951 - 1952,* a.a.O., S. 8, 77.

Felix Krulls Wanderleben, das ihn von Frankfurt nach Paris und Lissabon führt (und das in den Plänen Thomas Manns in weiteren Etappen fortgesetzt werden sollte), fügt sich ganz in dieses episodische Erzählschema.

Eine wichtige Übereinstimmung mit der Tradition des pikaresken Romans liegt ferner in der Ich-Form der Erzählung. Die Schelmenromane sind seit ihren ersten Anfängen im Spanien des 16. Jahrhunderts, seit dem *Lazarillo de Tormes* und dem *Guzmán de Alfarache*, in aller Regel als fiktive Autobiographien angelegt, in denen der Pikaro auf seine wechselhafte Laufbahn zurückblickt. Bei Thomas Mann erfährt der Leser im ersten Satz des Romans, daß Felix Krull „in völliger Muße und Zurückgezogenheit" (VII. 265), also nach Abschluß seiner Karriere, seine Bekenntnisse selbst zu Papier bringt.

Der Schelmenroman entwirft in der Abfolge seiner Episoden ein mit grellen Farben ausgemaltes Panorama der Gesellschaft, durch die er seinen Helden führt. Die Welt erscheint in diesen Büchern als Schauplatz eines erbitterten Kampfs ums Dasein, als beherrscht von Gewalt und Betrug. Von paradigmatischer Bedeutung ist die Erkenntnis, zu der Guzmán de Alfarache nach einer Reihe schmerzhafter Zusammenstöße mit der Wirklichkeit gelangt: „Alle spielten und fluchten, alle stahlen und bestachen: ich tat nichts anderes als sie, und kleiner Anfang führt zu großem Ende."[4] Bedrängt von einer mitleidlosen, feindlichen Welt, sieht Guzmán keine andere Möglichkeit,

[4] Mateo Alemán: Guzmán de Alfarache. In: *Spanische Schelmenromane.* Hg. v. H. Baader, München 1964/65. Bd.I, S. 249.

als „das Handwerk der blühenden Schelmerei" (*el oficio de la florida picardía*) zu ergreifen.[5]

Die Welt des Felix Krull bietet nun auf den ersten Blick keineswegs einen so desillusionierenden und finsteren Anblick. Vielmehr schildern die *Bekenntnisse* mit Behagen und Bewunderung die glänzende Fassade der Belle Époque. Krull selbst liegt es offensichtlich fern, den Zustand der Gesellschaft zu kritisieren. Aber im Erzählen seiner Lebensgeschichte macht er doch - gegen seinen Willen - die Fragwürdigkeit der sozialen Ordnung deutlich. So reflektiert Krull ausdrücklich darüber, daß den Unterschieden des Besitzes und des Ranges jede substantielle Rechtfertigung fehlt (VII. 492). Und daß die Gesellschaft so leicht auf die Täuschungskünste des Hochstaplers hereinfällt, ja daß sie offenbar solchen gefälligen Betrug wünscht, macht ihre innere Schwäche und Brüchigkeit erkennbar. Von symptomatischer Bedeutung ist da die Szene am portugiesischen Königshof, in der Krull das Bedürfnis des Monarchen nach Schmeichelei und devoter Zuwendung erspürt und virtuos erfüllt, wofür ihm dann am Ende noch ein Orden, das heißt: die förmliche Anerkennung seiner Verdienste zuteil wird.

Eine wichtige und höchst bezeichnende Übereinstimmung zwischen dem *Felix Krull* und dem Schelmenroman ist schließlich noch, daß auch bei Thomas Mann die obligatorische Initiations-Szene nicht fehlt, in welcher dem Píkaro die Augen über den wahren Zustand der Welt geöffnet werden. Im frühesten Text der Gattungsgeschichte, dem *Lazarillo de Tormes*, wird dem jungen Helden der Geschichte durch einen Blinden die entscheidende

---

[5] *Spanische Schelmenromane*, a.a.O., S.216. Vgl. *La novela picaresca española.* Hg. v. A. Valbuenay Prat. Madrid 1956, S. 300.

Lehre erteilt: Er fordert Lazaro auf, sein Ohr an den Leib eines steinernen Stiers zu legen, er werde dann aus dessen Inneren ein großes Getöse hören. Kaum hat der gutgläubige Junge seinen Kopf auf den Stein gelegt, versetzt ihm der Blinde einen deftigen Schlag, daß ihm Hören und Sehen vergeht, wobei er ihm zuruft: „Du Tölpel [...], merk dir, ein Blindenjunge muß selbst den Teufel noch in den Sack stecken!" Lazaro nennt den Blinden im Rückblick dankbar seinen wichtigsten Lehrer und kommentiert die brutale Lektion mit dem Satz:

> Mir aber war, als erwachte ich in diesem Augenblick aus der Einfalt, darin ich als Kind hingeschlummert hatte, und ich dachte: Wahr ist's was er sagt, ich muß die Augen offenhalten und auf der Hut sein, denn ich bin allein und muß sehen, wie ich meinen Mann stehe.[6]

Felix Krull empfängt die Einweihung in die wahren Verhältnisse der Welt auf angenehmere Weise, nämlich im Operettentheater. Er begegnet seiner Offenbarung bekanntlich im Auftreten und in der Wirkung des Tenors Müller-Rosé. Der Memoirenschreiber Krull resümiert seinen Eindruck mit dem Satz: „Wie er damals die Menge und mich zu blenden, zu entzücken verstand, das gehört zu den entscheidenden Eindrücken meines Lebens“ (VII. 287). Der junge Krull ist hingerissen von dem selbstgefälligen Bühnencharme des Sängers, und ihm erscheint das Theater „als eine Stätte, wo erbauungsbedürftige Menschen, im Schatten versammelt gegenüber der Klarheit und der Vollendung, mit offenem Munde zu den Idealen ihres Herzens emporblickten“ (VII. 287). Bei einem Besuch in der Künstlergarderobe, den Krull nach der Vorstellung an der Hand seines Vaters absolviert, stellt sich indessen heraus, daß Müller-Rosé ein abstoßender und eitler Mensch ist, der sich mit faden Witzen aufspielt. Offenbar beruhte also

[6] Lazarillo de Tormes. In: *Spanische Schelmenromane* (wie N. 4), Bd. I, S. 13 f.

die ganze bezaubernde Wirkung im Theater auf virtuos und selbstsicher hervorgebrachter Täuschung. Die Pointe der Szene besteht nun darin, daß Krull sich durch diese Entdeckung keineswegs desillusioniert, schockiert oder zurückgestoßen fühlt. Im Gegenteil: Er empfindet Bewunderung für die Leistung des Komödianten, trotz solch widriger Voraussetzungen die Zuschauer in seinen Bann gezwungen und durch kunstvolle Täuschung beglückt zu haben (VII. 294).

Im Verhältnis zwischen dem Operettenstar und seinem Publikum glaubt Krull ein allgemeines Gesetz des Lebens zu erkennen: daß nämlich die Menschen der Illusion, des gefälligen Betruges bedürfen und daß sie demjenigen noch begeistert danken, der dieses Bedürfnis befriedigt. Es ist offensichtlich, daß diese Erkenntnis für Krulls spätere Hochstapler-Laufbahn die Rechtfertigung liefern soll. Indem er nämlich die Welt in formvollendeter Manier betrügt, glaubt er ihr nur das zu geben, was sie insgeheim ersehnt und braucht: den schönen Schein, der die Wirklichkeit tröstlich verklärt und sie dadurch überhaupt erst erträglich macht.

II

In dem eben geschilderten Initiationserlebnis glaubte Krull erkannt zu haben, daß die Illusion, die Täuschung durch schönen Schein „eine für den Haushalt des Lebens unentbehrliche Einrichtung“ ist (VII. 294). Die klassischen Píkaros Lazarillo und Guzmán dagegen waren durch die Erkenntnis, daß die Welt schlecht ist und man mit den Wölfen heulen muß, auf ihre Schelmenlaufbahn getrieben worden. In diesem Unterschied deutet sich an, daß Thomas Manns *Felix Krull* das Schema des pikaresken Romans in bedeutsamen Punkten modifiziert und neu akzentuiert.

Als sich Thomas Mann um 1910 der Arbeit am *Krull* zuwandte, war es keineswegs seine Absicht, die Reize einer von ihm bis dahin nicht erprobten Romanart auszukosten und die Gattungsgeschichte des Schelmenromans durch ein neues Exemplar zu bereichern. Vielmehr besteht Grund zu der Vermutung, daß er damals gar keine genauere Kenntnis dieser literarischen Tradition, zumal ihrer frühen spanischen Vertreter hatte.[7] Auf die Schelmengeschichte geführt wurde er bekanntlich durch die Lektüre der Memoiren Georges Manolescus, eines zur Zeit der letzten Jahrhundertwende berüchtigten Hochstaplers und Diebes. Es handelt sich dabei um eine jener Autobiographien von Außenseitern, in denen sich gleichsam naturwüchsig pikareske Erzählstrukturen und Motive erhalten haben. Beispiele solcher Selbstdarstellungen aus der deutschen Literaturgeschichte wären etwa *Leben und Ereignisse des Peter Prosch* (1789) oder der sicherlich bekanntere, weil von Goethe herausgegebene *Deutsche Gil Blas* (1822), in dem der umgetriebene Johann Christian Sachse seine wechselvollen Schicksale erzählt hat.[8]

Als Thomas Mann sich durch die Lektüre der Manolescu-Memoiren zu einem Roman angeregt fühlte, bestand - seiner eigenen Auskunft nach - die Grundidee in der „travestierenden Übertragung des Künstlertums ins

[7] So auch K.-L. Schneider: Thomas Manns Felix Krull. Schelmenroman und Bildungsroman. In: V. J. Günther u.a. (Hg.): *Untersuchungen zur Literatur als Geschichte*. Festschrift für B. v. Wiese. Berlin 1973, S. 545 ff., hier S. 546.

[8] Vgl. zu den Autobiographien dieses Typs J. Jacobs: *Der deutsche Schelmenroman*. München 1983, S. 90-96.

Betrügerisch-Kriminelle“ (XI. 531). Natürlich verlangt die Frage nach einer Antwort, wie die Gestalt des Künstlers in die Nähe des Hochstaplertums und der Asozialität gerät. Erklärlich ist dies dadurch, daß Thomas Mann sich der radikalen Künstler-Kritik Nietzsches anschloß. Dieser hatte in einem vielzitierten Abschnitt der *Fröhlichen Wissenschaft* das Wesen des Künstlers vom Komödiantischen her bestimmt und hatte ihm eine Neigung zur Erzeugung trügerischen Scheins, zu hochstaplerischem Verhalten nachgesagt. Diese Talente hätten sich zunächst beim niederen Volk, bei den Benachteiligten ausgebildet, da diese durch wendige Anpassung an widrige Verhältnisse ihren Vorteil hätten suchen müssen. Als diese Haltung sich verselbständigte und in manchen Individuen dominant wurde, erzeugte sie „den Possenreißer, Lügenerzähler, Hanswurst, Narren, Clown zunächst, auch den klassischen Bedienten, den Gil Blas“. Und Nietzsche fügt hinzu, „in solchen Typen“ habe man „die Vorgeschichte des Künstlers und oft genug sogar des *Genies*“ vor sich.[9]

Festzuhalten ist, daß Nietzsche hier mit dem Gil Blas ausdrücklich eine Figur in die Aszendenz des modernen Künstlers stellt, die ihr literarisches Leben der Tradition des pikaresken Erzählens verdankt. Zu einer ähnlichen Parallele sieht sich Thomas Mann durch sein eigenes Mißtrauen gegen den Typus des Künstlers veranlaßt. Er sieht in ihm eine Gestalt, die außerhalb der etablierten Gesellschaftsordnung steht, die sich festen Prinzipien verweigert und sich einem windigen, ganz auf den Schein gestellten Treiben hingibt. In dem Hochstapler-Roman ist es Krulls Patenonkel, der verlotterte, mit einem falschen Titel auftretende Maler Schimmelpreester, der am Beispiel des

[9] F. Nietzsche: *Die Fröhliche Wissenschaft*, Aph. 361. Werke. Hg. v. K. Schlechta. München 1966. Bd. II, S. 234 f.

großen Phidias den Gegensatz von sozialer Ordnung und exzentrischer Künstlerexistenz demonstriert und für deren normverletzendes Verhalten Verständnis fordert. Er betrachtet die wiederholten Diebstähle des Phidias und dessen Tod im Gefängnis geradezu als Beweis für dessen ungewöhnliche künstlerische Talente (VII. 284).

Aber auch außerhalb des Romans finden sich in Thomas Manns Äußerungen immer wieder sehr skeptische und mißtrauische Bemerkungen über den Künstler. Wiederholt nennt er ihn eine „Mischung aus Lucifer und Clown",[10] und in der autobiographischen Notiz *Im Spiegel* von 1907 kann Thomas Mann zu Recht feststellen: „Diejenigen, die meine Schriften durchblättert haben, werden sich erinnern, daß ich der Lebensform des Künstlers, des Dichters stets mit dem äußersten Mißtrauen gegenüberstand" (XI. 332). Noch in den *Betrachtungen eines Unpolitischen* finden sich dafür Belege, etwa folgende Sätze:

> Ein Künstler, meine ich, bleibt bis zum letzten Hauch ein Abenteurer des Gefühls und des Geistes, zur Abwegigkeit und zum Abgrunde geneigt, dem Gefährlich-Schädlichen offen. Seine Aufgabe selbst bedingt seelisch-geistige Freizügigkeit, sie verlangt von ihm das Zuhausesein in vielen und auch in schlimmen Welten, sie duldet keine Seßhaftigkeit in irgendwelcher Wahrheit und keine Tugendwürde. Der Künstler ist und bleibt Zigeuner, gesetzt auch, es handelt sich um einen deutschen Künstler von bürgerlicher Kultur (XII. 402 f.).

Solche Auffassungen machen begreiflich, aus welchen Gründen es Thomas Mann reizvoll und enthüllend erscheinen konnte, das Problem der Künstler-Existenz durch Übertragung ins „Betrügerisch-Kriminelle" (XI. 531), und das hieß: in Gestalt eines Schelmenromans darzustellen. Wenn er seinen Felix Krull angesichts der Illusionierungskünste des Operettentheaters zu der Er-

[10] Vgl. z.B. den Brief an Samuel Lublinski vom 13. VI. 1910.

kenntnis kommen läßt, daß die Welt die tröstlichen Täuschungen braucht, und wenn Krull seine gefälligen Schwindeleien mit diesem Gedanken rechtfertigt, so soll dies auch allgemein etwas über die Funktion der Kunst sagen. In einer Skizze für den Roman von 1911 heißt es: „Das Leben selbst beruht auf Betrug und Täuschung, es würde versiegen ohne die Illusion. Beruf der Kunst.“[11]

Das aber bedeutet, daß die Kunst kaum noch einen substantiellen Sinn beanspruchen kann. Denn ihre Funktion bestünde allein darin, das Leben, nachdem es in seiner Scheinhaftigkeit und Täuschungsbedürftigkeit durchschaut ist, durch die Erzeugung tröstlicher, die Malaise des Daseins verklärender Gaukelspiele erträglich zu machen. In diesen wieder an Nietzsche angelehnten Gedanken hat T. J. Reed in seinem Thomas-Mann-Buch wohl zu Recht eine „leicht verzweifelte Verteidigung der problematischeren Aspekte der Kunst“ gesehen.[12] Diese problematischeren Seiten werden schon dadurch betont, daß zu ihrer Veranschaulichung die Figur eines Hochstaplers benutzt wird und daß die seit der Romantik florierende Gattung des Künstlerromans sich hier in eine pikareske Geschichte transformiert.

Thomas Mann hat den *Felix Krull* allerdings nicht nur mit der Tradition pikaresken Erzählens in Zusammenhang gebracht, sondern zugleich auch mit der des Bildungsromans. Schon 1916 benutzt er für den *Krull* die Formel vom „deutschen Bildungs- und Entwicklungsroman, parodiert und der

---

[11] P. Scherrer: Vornehmheit, Illusion und Wirklichkeit. Belege zu drei Grundmotiven des "Felix Krull" [...]. In: *Blätter der Thomas-Mann-Gesellschaft*, Nr. 1, Zürich 1958, S. 5.
[12] T. J. Reed: Thomas Mann. *The Uses of Tradition*. Oxford 1976, S. 110.

Schadenfreude des Fortschritts ausgesetzt als Autobiographie eines Hochstaplers und Hoteldiebes" (XI. 703). Das parodistische Moment zeigt sich vor allem in der Sprache. Thomas Mann läßt Krull nämlich bei der Schilderung seiner windigen Lebensgeschichte ganz im traditionsbeglänzten Stil goethezeitlicher Erzählprosa reden.[13]

In dem Widerspruch von dubiosem Stoff und anspruchsvoller Darbietungsweise fand Thomas Mann zu Recht eine „Quelle großer Komik" (XI. 122). Es grenzt schon ans Burleske, wenn der Zuchthäusler Felix Krull seine Memoiren als „Bildungswerk" bezeichnet (VII. 348) und sich einschmeichelnd, um Anerkennung buhlend an den „feinfühlenden Leser" oder an das „gebildete Publikum" wendet (vgl. VII. 549, 313). Offensichtlich möchte er mit seinen „Bekenntnissen" in den „besten Häusern" akzeptiert werden (VII. 323), und deshalb flicht er in seine Geschichte immer wieder erbauliche Sentenzen ein, mit denen er dem bürgerlichen Leser suggerieren möchte, daß er mit ihm in allen sittlichen Überzeugungen übereinstimmt. Das wird spürbar, wenn er den Selbstmord des Vaters mißbilligend kommentiert und darauf besteht, daß wir das Leben „als eine uns gestellte und, wie mir scheinen will, gewissermaßen selbst gewählte schwere und strenge Aufgabe zu betrachten [haben], welche mit Standhaftigkeit und Treue durchzuhalten uns unbedingt obliegt [...]" (VII. 324). Das kann im Munde Krulls, der gerade selbstgefällig davon erzählt hat, mit welchem Geschick er die Schule geschwänzt und sein Leben mit kleinen Diebstählen versüßt hat, nur komisch wirken. Ähnlich verhält es sich mit den Bemerkungen zu seinem persönlichen Bildungsgang. So erscheint ihm das Zusammenleben mit der

[13] Vgl. dazu die materialreiche Untersuchung von Th. Sprecher: *Felix Krull und Goethe*. Thomas Manns 'Bekenntnisse' als Parodie auf 'Dichtung und Wahrheit'. Bern, Frankfurt, New York 1985.

Prostituierten Rosza, die er die „wilde Blüte des Ostens“ nennt, als für seine „Ausbildung von der einschneidendsten Bedeutung“ (VII. 384). Und jene Zeit, in der er sich vor den Restaurants, in den Theaterfoyers und an den „Stapelplätzen des Luxus“ mit der Fassade des mondänen Lebens vertraut macht, diese ganze Epoche eines sehnsüchtigen Herumlungerns bezeichnet Krull als eine Zeit der „Bildung“ und des „begierigen Studiums“ (VII. 341), „wie sie dem höheren Jüngling zu stillem Wachstum so willkommen, so notwendig ist“ (VII. 339).

Solche Redensarten entlarven sich jeweils durch den Zusammenhang, in dem sie auftreten, als leere Prätentionen. Daß die von Krull vorgetragenen „Bekenntnisse“ eine Parodie der älteren, an den Goetheschen *Wilhelm Meister* anschließenden Bildungsgeschichten sind, zeigt sich auch darin, daß der Hochstapler keine feste Identität ausbildet, sondern jeweils ganz in der übernommenen Rolle des Kellners oder des eleganten Lebemannes aufgeht (vgl. VII. 498). Nur einmal ist die Rede davon, daß Krull dies als Problem empfindet, als er sich nämlich in den Marquis verwandelt und er die Erinnerung an die eigene frühere Lebensgeschichte ablegen muß, was ihn eine „gewisse Ausgeblasenheit“ seines Inneren empfinden läßt (VII. 528). Ansonsten aber ist ihm das Hineinschlüpfen in neue Rollen nur eine Lust und „köstliche Erfrischung“ (VII. 528). Überall setzt er sich durch beflissene Erfüllung der Erwartungen in Einklang mit der Welt und verwirklicht so mühelos, aber eben auf eine höchst zweifelhafte Weise jenes Ziel, zu dem die Helden der Bildungsromane erst durch schmerzhafte Irrtümer und Desillusionierungen finden. Parodie also auch hier.

Wenn Krull seine Diebstähle und seine Tätigkeit als Zuhälter bei seiner „wilden Blüte des Ostens“ damit rechtfertigt, daß seine Handlungen, nämlich die eines Felix Krull, nicht so beurteilt werden könnten wie die von Hinz und Kunz (vgl. z.B. VII. 383 f.), so sind dies natürlich auch Prätentionen von komischer Wirkung. Allerdings macht ihn diese Selbstverliebtheit keineswegs unsympathisch. Auch in anderer Hinsicht hat Thomas Mann dafür gesorgt, daß sein hochstapelnder Píkaro sich nicht allzusehr diskreditiert. Sein Diebstahl bei Mme. Houpflé und das Auftreten als falscher Marquis sind dadurch entkriminalisiert, daß die Betroffenen der Tat zustimmen und sich nicht geschädigt fühlen. Da Krull im übrigen bei seinen Abenteuern durchweg Glück hat und manche Episoden, wie die vor der Musterungskommission, glanzvoll absolvierte Streiche sind, haben eine Reihe von Interpreten in Thomas Manns Hochstapler einen „glückhaften Menschen“[14] oder einen „Märchenhelden“ sehen wollen.[15] Eine ähnliche Tendenz haben jene Deutungen, die Krull als „absoluten Künstler“[16] und seine ganze Existenz als „Kunstwerk“ verstehen wollen.[17]

Wenn man so ansetzt, kann der *Felix Krull* kaum noch als Schelmenroman interpretiert werden, er nähert sich vielmehr dem Glücksmärchen. Aber

---

[14] Vgl. Joachim Müller: Glücksspiel und Göttermythe. Zu Thomas Manns "Krull". In: G. Wenzel (Hg.): *Vollendung und Größe Thomas Manns*. Halle 1962, S. 235 ff., hier S. 248.

[15] So z.B. B. v. Wiese: Die 'Bekenntnisse des Hochstaplers Felix Krull' als utopischer Roman. In: B. Bludau u.a. (Hg.): *Thomas Mann 1875-1975*. Frankfurt 1977. S. 189 ff., hier S. 194.

[16] M. Nerlich: *Kunst, Politik und Schelmerei*. Die Rückkehr des Künstlers und des Intellektuellen in die Gesellschaft des zwanzigsten Jahrhunderts [...]. Frankfurt/M. und Bonn 1969, S. 31.

[17] So Nerlich a.a.O., S. 41, 44; ferner H. Wysling: *Narzissmus und illusionäre Existenzform*. Zu den Bekenntnissen des Hochstaplers Felix Krull. Thomas-Mann-Studien, Bd. V. Bern und München 1982, S. 108, 150.

offensichtlich lassen sich solche Deutungen durch Krulls Wohlredenheit und durch die gute Form seiner Betrügereien verführen. Sie verkennen, daß die „Bekenntnisse" des Hochstaplers, mit denen er in den „besten Häusern" Zugang finden will, eine neuerliche Hochstapelei sind, eine höchst amüsante zwar, aber doch keineswegs ein „Bildungswerk", das sein im Zuchthaus endendes Leben im Ernst als ein Kunstwerk ausweisen könnte.[18] Wenn Benno von Wiese meint, Krulls Existenz sei „die Verwirklichung des höchsten Grades von *Lebenskunst* [...], der für den Autor dieses Romans vorstellbar ist",[19] und wenn er sich durch die spielerische, über die banalen Forderungen der Wirklichkeit triumphierende Lebensform des Hochstaplers faszinieren läßt, dann hat bei ihm die auf Beschönigung und Verklärung angelegte Selbstschilderung Krulls offenbar einen gläubigen Leser gefunden. Um nicht auf solche Weise zum Opfer der amüsanten Hochstapelei zu werden, muß man auf die Doppelbödigkeit der Erzählung achten und die Kluft zwischen den Prätentionen Krulls und der Wirklichkeit seiner zweifelhaften Existenz im Blick behalten.

III

Der *Felix Krull* ist mit seinen unübersehbaren Affinitäten zur pikaresken Erzähltradition eines der prominentesten Beispiele für jene „Wiederkehr der Schelme" im 20. Jahrhundert, von der die Literaturhistoriker seit einiger Zeit

[18] Vgl. J. Jacobs: *Wilhelm Meister und seine Brüder*. Untersuchungen zum deutschen Bildungsroman. München 1972, S. 230; K.-L .Schneider (wie N. 7), S. 556; Th. Sprecher (wie N. 13), S. 36; G. Stein: *Thomas Manns Bekenntnisse des Hochstaplers Felix Krull*. Künstler und Komödiant. Paderborn 1984, S. 30.
[19] Vgl. B. v. Wiese (wie N. 15), S. 192.

sprechen.[20] Daß das Buch zugleich als Parodie des Bildungsromans gelesen werden kann, ist nicht etwa bloß einem amüsanten Einfall Thomas Manns zu verdanken, sondern muß als ein geistes- und literaturgeschichtlich hochbedeutsamer Sachverhalt gelten.[21]

Thomas Mann selbst schon hat das so empfunden. Das illustriert ein Satz aus den *Betrachtungen eines Unpolitischen*, der die historische Position des *Krull* bestimmen will:

> Man hat teil an der intellektualistischen Zersetzung des Deutschtums, wenn man vor dem Krieg auf dem Punkte stand, den deutschen Bildungs- und Entwicklungsroman, die große deutsche Autobiographie als Memoiren eines Hochstaplers zu parodieren (XII. 101).

Das bedeutet: Wenn im *Felix Krull* eine ehrwürdige literarische Gattung zum Gegenstand der Parodie wurde, so hängt dies damit zusammen, daß deren ideelle Grundlagen sich auflösten. Offenbar erhoben sich Zweifel gegen den schönen Glauben, daß der problematische, seinen Lebenssinn suchende Einzelne durch Krisen und Irrtümer hindurch in bejahte Bindungen und Beschränkungen, das heißt zu einer produktiven Einordnung in die Gesellschaft finden könne, - so wie das dem Konzept der Bildungsgeschichte entsprochen hatte. Wenn sich nun eine unüberbrückbare Kluft zwischen dem sinnsuchenden Subjekt und seiner idealverlassenen Umwelt auftut, dann

---

[20] Vgl. dazu W. Schumann: Wiederkehr der Schelme. *PMLA* 81 (1966), S. 467 ff.; W. van der Will: *Pikaro heute. Metamorphosen des Schelms bei Thomas Mann, Döblin, Brecht, Grass*. Stuttgart 1967; N. Schöll: Der pikarische Held. Wideraufleben einer literarischen Tradition seit 1945. In: Th. Köbner (Hg.): *Tendenzen der deutschen Literatur seit 1945*. Stuttgart 1971, S. 302 ff.; Hans Wagener: Simplex, Felix, Oskar und andere - Zur barocken Tradition im zeitgenössischen Schelmenroman. In: G. Labroisse und G. P. Knapp (Hg.): *Literarische Tradition heute*. Amsterdam 1988, S. 117 ff.

[21] Vgl. das Kapitel *Bildungsroman und Pícaro-Roman* im vorliegenden Band, ferner: M. Bauer: *Der Schelmenroman*. Stuttgart und Weimar 1994, S. 187 f.

müssen die Protagonisten der Romane zu Außenseitern werden, die sich in dauerndem, unaufhebbarem Widerspruch zur Gesellschaft empfinden. Für die Struktur der Romane wird das bedeuten, daß sie die teleologische Orientierung auf ein Ziel der „Bildung“, also auf einen versöhnenden Ausgleich des Subjekts mit sich selbst und der Welt verlieren müssen. Damit aber nähert sich der Roman wieder dem pikaresken Schema mit seinen Außenseiterfiguren und der episodischen Bauform. Am *Felix Krull*, der eine Schelmen-Biographie im Gewand einer parodistischen Bildungsgeschichte erzählt, zeigt sich diese Transformation in beispielhafter Weise, - übrigens auch die geistesgeschichtliche Krise, die das Konzept des Bildungsromans fragwürdig macht: denn die moralischen Grundsätze und die Reflexionen über seine Bildung, mit denen Krull seine Biographie reputierlich machen will, geraten ja dadurch in zweifelhafte Beleuchtung, daß sie zur Rechtfertigung einer Hochstapler-Existenz in Anspruch genommen werden.

Die Vermutung liegt nahe, daß Píkaro-Roman und Bildungsroman, die beide die Lebensgeschichte einer zentralen Figur erzählen, einander in der Literaturgeschichte ablösen. In der Tat zeigt ein historischer Überblick, daß der Schelmenroman in der bürgerlichen Epoche, das heißt im 18. und 19. Jahrhundert, weitgehend verschwunden war. Schon im 17. Jahrhundert läßt sich eine „Verbürgerlichung“ des Píkaros beobachten, besonders deutlich in den französischen und deutschen Bearbeitungen von Quevedos *Buscón*.[22] Hier schon tritt die Tendenz hervor, den Dauerkonflikt zwischen dem Píkaro und seiner Umwelt harmonisch aufzulösen. Dies geschieht, indem der abenteuernde Schelm am Ende in einem sicheren Port landet und seinen

[22] Vgl. D. Reichardt: *Von Quevedos „Buscón“ zum deutschen „Avanturier“*. Bonn 1970; Allgemein zur Verbürgerlichung des Pícaro: A. Hirsch: *Bürgertum und Barock im deutschen Roman*. 3. Aufl., Köln/Wien 1979.

Frieden mit der Gesellschaft macht. Das ist auch in Alain René Lesages *Gil Blas* der Fall, den manche Interpreten deshalb - trotz aller Anleihen bei den spanischen Mustern der Gattung - nicht mehr zu den pikaresken Romanen rechnen wollen.[23]

Man kann aus diesem Zurücktreten des Schelmenromans im späteren 17. und 18. Jahrhundert schließen, daß der Píkaro, der einen skrupellosen Kampf ums Überleben führt und außerhalb der anerkannten Normen steht, für die Leser und Autoren des bürgerlichen Zeitalters kein Gegenstand sympathisierenden Interesses mehr sein konnte.[24] Auch das pessimistische Bild der Welt, das der pikareske Roman mit seinem Krieg aller gegen alle entwarf, widerstrebte dem bürgerlichen Bewußtsein, das von der letztlich harmonischen Einrichtung der Welt und von der Möglichkeit überzeugt war, daß der Tüchtige sein Glück findet. Diese Weltsicht bestimmte die Bildungsromane, insbesondere die der deutschen Tradition, die mit Wielands *Agathon* und Goethes *Wilhelm Meister* beginnt. Die Helden dieser Geschichten, der Goethesche Wilhelm, Stifters Heinrich Drendorf, der Grüne Heinrich oder Hans Castorp verfallen zwar in Irrtümer und geraten bisweilen auf Abwege, aber die moralische Unbedenklichkeit des Píkaro, dessen kriminelle Überlebenstechnik ist bei ihnen unvorstellbar.

Die Distanz des bürgerlichen Zeitalters zum Geist der pikaresken Erzähltradition läßt sich sehr anschaulich anhand von Tiecks Novelle *Wunder-*

[23] Vgl. z.B. R. Alter: *Rogue's Progress*. Studies in the Picaresque Novel. Cambridge/Mass. 1964, S. 32.
[24] Vgl. R. Alter, a.a.O., S. 114; R. Bjornson: *The Picaresque Hero in European Fiction*. Madison, Wisc. 1977, S. 9 f., 154.

lichkeiten (1837) demonstrieren.[25] Eine der beiden Zentralfiguren dieser Geschichte ist ein Glücksritter und Verbrecher, der als falscher Graf auftritt. Er nimmt nun einen naiven jungen Theologen als Sekretär in seine Dienste und will ihn zu jenen pikarischen Grundsätzen bekehren, denen er selbst auf seiner dubiosen Laufbahn folgt. Zu diesem Zweck gibt er dem jungen Mann die klassischen Beispiele des Schelmenromans in die Hand: den *Lazarillo*, den *Guzmán*, die *Pícara Justina*, den *Gil Blas* und andere noch. Diese Romane erscheinen in Tiecks Novelle als unverblümte Apologien des Verbrechens und Anleitungen zur Gaunerei. Darin liegt nun sicherlich ein sehr verkürztes Verständnis der Schelmenliteratur, die ja oft sehr nachdrücklich bemüht war, ihren Geschichten einen moralischen und religiösen Sinn abzugewinnen.

Für den hochstapelnden Graf in Tiecks Novelle jedoch liefern die pikaresken Romane den anschaulichen Beweis dafür, daß die Welt von Gewalt und Betrug beherrscht ist. Die Lehre, die er seinem Sekretär erteilt, lautet: „Der Räuber, der dem Wanderer seine Börse abfordert, wäre wohl sehr lächerlich, wenn er schüchtern sich anstellte. Und, so viel wirst du doch wohl schon gelernt und eingesehen haben, daß das ganze Getreibe, Markten, Drängen und Stoßen auf dieser Bühne der sogenannten großen Welt ein feineres, anständigeres Räubersystem ist.“[26] Der Pfarramtskandidat schaudert vor diesem wilden Bild des Weltlaufs zurück und empfindet Sehnsucht nach dem Frieden „seiner aufgegebenen Theologie und der stillen Landpfarre“. Am

---

[25] Zu den folgenden Überlegungen ausführlicher der Aufsatz *Der Pícaro im bürgerlichen Zeitalter*. Zu Ludwig Tiecks Übersetzung des 'Marcos de Obregón' und zu seiner Novelle 'Wunderlichkeiten' im vorliegenden Band.

[26] Ludwig Tieck: Wunderlichkeiten. In: *Schriften in zwölf Bänden*. Hg. v. M. Franck u.a., Frankfurt 1986. Bd. 12, S. 71.

Ende richtet er sich denn auch in einer mit ihren bescheidenen Umständen zufriedenen Bürgerlichkeit ein und resümiert seine Erfahrungen in dem Satz: „Wie wohl ist es Einem doch eigentlich, im Mittelstande zu leben, wo weder großes Glück noch ungeheures Unglück den Menschen trifft!“[27]

Tiecks Novelle stellt das biedermeierliche Idyll in den schärfsten Kontrast zur Welt des Schelmenromans: auf der einen Seite steht die bescheidene Tugend, auf der anderen das dreist zupackende Laster. Auch wenn man die älteren pikaresken Erzählwerke nicht immer so einseitig bewertete und gelegentlich sogar an sie Anschluß suchte - etwa Heine in seinem *Schnabelewopski* oder Wilhelm Raabe in seinem *Michel Haas*[28] -, so ist doch offensichtlich, daß die Autoren des bürgerlichen Zeitalters ihre jungen Romanhelden kaum auf eine Schelmenlaufbahn, sondern eher auf die Bahn eines Bildungsprozesses schickten.

Wie schon erwähnt, änderte sich dies im 20. Jahrhundert wieder, wobei natürlich die alten pikaresken Erzählformen aus dem Spanien des 16. und 17. Jahrhunderts oder aus dem deutschen Barock nicht unverändert wiederbelebt wurden. Der Wandel der historischen Umstände führte zu anderen Darstellungsabsichten und zu formalen Neuerungen, wie sich gerade am *Felix Krull* ablesen läßt. Man hat darum gestritten, ob diese Abweichungen vom alten Gattungsschema es überhaupt zulassen, einen übergreifenden, die älteren und die modernen Texte zugleich erfassenden Gattungsbegriff zu verwenden. Es scheint jedoch sinnvoll und durchaus erhellend, wenn man das Genre *Schelmenroman* so flexibel und offen definiert, daß sich ihm Werke aus verschie-

---

[27] L. Tieck, a.a.O., S. 100.
[28] Vgl. dazu H. Detering: *Der Landstörzer Michel Haas*. Jb. d. Raabe-Ges. 1986, S. 83 ff.

denen Epochen subsumieren lassen. Man kann sich in dieser Auffassung von Thomas Mann bestärkt fühlen, der sich mit seinem *Krull* ja ganz eindeutig in der Tradition des pikaresken Romans fühlte.

Was den *Felix Krull* von den früheren Beispielen der Gattung abhebt, ist einmal der Bezug auf die Künstlerproblematik und ferner das auslösende Motiv für die Wendung zur Schelmenlaufbahn. Bei den älteren Píkaros war es in der Regel eine drängende Notlage, der nackte Hunger, der zu dem wendig und verschlagen geführten Kleinkrieg gegen die Gesellschaft zwang. Krull dagegen wird zum abenteuernden Schwindler, weil er sich den Reglements der Gesellschaft entziehen will und jede Festlegung vermeidet, um sich in einer ganz unverpflichteten Freiheit selbst genießen zu können. Als der reiche schottische Lord ihn adoptieren will, schlägt Krull das Angebot aus, - „zugunsten des freien Traumes und Spieles, selbstgeschaffen und von eigenen Gnaden, will sagen: von Gnaden der Phantasie“ (VII. 489). Dem klassischen Píkaro also verweigert die Gesellschaft einen festen und anerkannten Platz; Felix Krull dagegen will sich an keine bestimmte Stelle und Funktion in der sozialen Ordnung binden lassen und macht sich durch seine Verweigerung selbst zum Außenseiter.

Man könnte vermuten, die von Thomas Mann für seinen Hochstapler-Roman gewählte raffinierte Erzählweise sei eine Neuerung gegenüber den älteren Mustern der pikaresken Gattung. Sie besteht - wie schon angedeutet - darin, über den Kopf des seine Lebensgeschichte ausbreitenden Krull hinweg kritische Lichter auf dessen Person und auf die von ihm geschilderte Welt fallen zu lassen. Die früheren pikaresken Romane hatten meist mit frommen und moralisierenden Kommentaren den Gesichtspunkt angegeben, von dem aus der Leser die Folge der Schelmenabenteuer bewerten sollte. Aber eine solche ausdrückliche Distanzierung ließ sich natürlich dann nicht anbringen, wenn der Píkaro, der ja sein Leben selbst schildert, sich am Ende nicht zum Besseren bekehrt, sondern bei seinen pikarischen Prinzipien bleibt. Felix Krull zum Beispiel hält auch noch als Autor seiner Memoiren an der Erkenntnis fest, die er früh schon im Operettentheater gewonnen hat: daß die Welt nichts anderes will als den Betrug und daß er, Krull, dazu berufen ist, sie durch formvollendeten Schwindel zu beglücken.

Daß der Leser die selbstverliebten Bekenntnisse des Hochstaplers für bare Münze nimmt, verhindert die unfreiwillige Komik seiner hochtrabenden und dem Klischee verfallenen Sprache, aber auch der schon geschilderte eklatante Widerspruch zwischen Krulls Prätentionen und der Wirklichkeit. Der autobiographische Bericht läßt sich auf Grund solcher Signale als neuerlicher Versuch der Hochstapelei durchschauen. Das heißt: Es wird eine Haltung des Lesers nötig, die der Doppelbödigkeit des Textes durch ein kritisches Überschreiten des erzählenden Bewußtseins gerecht wird. Man kann bezweifeln, ob eine solche „Komplementärlektüre", wie man neuerdings gemeint hat, bei allen pikaresken Romanen nötig ist.[29] Ohne Zweifel ist sie aber gegenüber den Lebensbeichten unbekehrter Schelme wie im Falle Felix Krulls angezeigt.

Es ist nun interessant zu sehen, daß Thomas Manns Roman in dieser Anlage der Erzählung mit dem frühesten Exemplar der pikaresken Gattung, dem *Lazarillo de Tormes* übereinstimmt. Auch in diesem Text gibt es zwei

[29] Vgl. M. Bauer: *Im Fuchsbau der Geschichten.* Anatomie des Schelmenromans. Stuttgart 1993, S. 2, 18 u.ö.; ferner: M. Bauer: *Der Schelmenroman* (wie N. 21), S. 2, 25.

Perspektiven: Einmal die des Píkaro selbst, der sich auf dem Gipfel seines Glücks wähnt, als er die Mätresse eines Priesters geheiratet und das kümmerliche Amt eines Ausrufers erlangt hat. Daneben aber ist dem Leser eine Perspektive eröffnet, aus der Lazarillos Selbstbetrug und seine fortschreitende Anpassung an eine korrupte Gesellschaft erkennbar werden.[30] Auch hier also darf der Leser die Selbstschilderung des Píkaro nicht unbefragt beim Wort nehmen. Die satirische Intention wird - wie bei Thomas Manns *Felix Krull* - erst sichtbar, wenn der Leser die Naivität der vom Autor vorgeschobenen Erzählfigur durchschaut und in deren Schilderung eine Kritik entdeckt, die sie selbst gar nicht intendieren konnte. Lazarillo preist sein offensichtlich höchst schäbiges Glück und die moralisch verwahrloste Gesellschaft, in der er seinen Platz gefunden hat. Und Felix Krull erklärt sich begeistert mit der Welt einverstanden, ohne zu erkennen, daß seine parasitäre Existenz nur in einer morschen, ihrer selbst nicht mehr sicheren Gesellschaft möglich ist. Diese Parallele ist aufschlußreich auch für die Einordnung des *Felix Krull* in die Tradition des europäischen Schelmenromans; nicht etwa weil Thomas Mann den *Lazarillo* gekannt und dessen Erzählanlage bewußt übernommen hätte, sondern weil er hier eine der Möglichkeiten fiktiv-autobiographischen Schreibens ergriffen hat, die sich den Autoren früherer pikaresker Erzählwerke bereits nahegelegt hatte.

---

[30] Vgl. aus der reichen Literatur zum *Lazarillo*: H. Baader: Noch einmal zur Ich-Form im 'Lazarillo de Tormes'. *RF* 76 (1964), S. 43 ff.; R. Bjornson: *The Picaresque Hero* (wie N. 24), S. 21 ff.; G. A. Shipley: The Critic as Witness for the Prosecution. *PMLA* 97 (1982), S. 179 ff.; D. Ynduráin: La autobiografía y el Lazarillo. In: I. M. Battafarano und P. Taravacci (Hg.): *Il picaro nella cultura europea*. Gardolo 1989, S. 37 ff.

Der Pícaro auf Mallorca

Zu Thelens Insel des zweiten Gesichts

Albert Vigoleis Thelens Roman *Die Insel des zweiten Gesichts* ist gleich nach dem ersten Erscheinen im Jahre 1953 von Kritikern wie Hans Egon Holthusen und Siegfried Lenz in die Tradition des Schelmenromans gestellt worden.[1] Dieses Urteil konnte sich auf den Text des Romans selbst berufen. Denn dessen Protagonist Vigoleis nennt gelegentlich die Berichte über seine Abenteuer „pikareske Erzählungen".[2] Und nicht ohne Stolz hält er fest, daß die brieflichen Nachrichten über seine Erlebnisse, die seine Freunde weiterverbreiten, ihn zu einem der „meistgelesenen pikaresken Epistolographen der mittelmeerischen Welt" gemacht hätten (709).[3]

In der Tat zeigen sich schon beim ersten Blick auf Thelens Roman unübersehbare Affinitäten zu jenen Werken, die man der pikaresken Tradition zurechnet. Zu denken ist da beispielsweise an die autobiographische Erzählform von Thelens „angewandten Erinnerungen". Auffällig ist auch, daß Vigoleis, die Hauptfigur des Buches, wie die alten Pícaros als Außenseiter auftritt, der sein Überleben und seinen Umgang mit den Autoritäten immer wieder auf listige Improvisation und dreistes Hochstapeln stützen muß. Zum Schelmenroman gehört auch die Tendenz zu

---

[1] Vgl. Hans-Egon Holthusen: *Der unbehauste Mensch*. 3. Aufl. München 1955, S. 286. Die Rezension von Siegfried Lenz erschien in der *Welt am Sonntag* vom 17. I. 1954 und spricht wiederholt von der „Schelmenmaske" des Protagonisten.

[2] Albert Vigoleis Thelen: *Die Insel des zweiten Gesichts. Aus den angewandten Erinnerungen des Vigoleis*. Düsseldorf 1953, S. 800. Nach dieser Ausgabe wird weiterhin im Text zitiert.

[3] Vgl. auch S. 294, 947.

breiter, kritisch gefärbter Weltdarstellung, die sich bei Thelen auf die Welt der Herkunft am Niederrhein und auf das Mallorca der dreißiger Jahre richtet. Bisweilen haben sich jedoch auch Zweifel gegen die Möglichkeit erhoben, die *Insel des zweiten Gesichts* als pikareskes Erzählwerk zu rubrizieren.[4] Als Argument für solche Zweifel diente etwa der Hinweis auf die komplexe Erzählstruktur, d. h. auf die frei assoziierende und mäandrierende Form, in der Thelens Roman seine Geschichten und Reflexionen ausbreitet. Das aber kann nicht recht einleuchten. Denn es ist offensichtlich verfehlt, eine einsinnig und einlinig fortschreitende Darstellungsweise als typisch und notwendig für die pikaresken Erzählwerke anzunehmen. Das zeigt schon ein Blick auf Mateo Alemáns *Guzmán de Alfarache*, das traditionsbegründende Muster, in dem die Erzählung von zahlreichen Exkursen, Reflexionen und Predigten durchbrochen ist.

Ein anderes Bedenken gegen die Qualifizierung von Thelens *Insel* als Schelmenroman gründet sich darauf, daß dem Protagonisten Vigoleis die Neigung zu kriminellen Eskapaden fehle und es daher nicht zu Konflikten mit dem Gesetz komme.[5] In der Tat trifft dies auf Vigoleis nicht zu, aber dieser Umstand ist keineswegs singulär in der Gattungsgeschichte. Marcos de Obregón zum Beispiel ist frei von kriminellen Ambitionen, auch Felix Krull begeht eigentlich keine gravierenden Delikte.

---

[4] Vgl. dazu etwa Manfred Kremer: A. V. Thelens Roman „Die Insel des zweiten Gesichts". Adaption einer alten Form? In: Gerhart Hoffmeister (Hg.): *Der moderne deutsche Schelmenroman. Interpretationen*. Amsterdam 1985/86, S. 145 - 158.
[5] Vgl. M. Kremer, a.a.O., S. 151.

Als Einwand gegen die Zurechnung von Thelens Buch zum Schelmenroman wurde ferner geltend gemacht, es fehle das Motiv der „pikaresken Reise“.[6] Das aber heißt denn doch allzu kleinlich argumentieren. Denn immerhin ist ja von einem Ortswechsel von Deutschland nach Spanien die Rede, und über dessen Tragweite läßt der Erzähler Vigoleis keinen Zweifel, wenn er feststellt: „Hier aß man anders, hier sprach man anders, hier züchtigte man anders - ich würde umlernen müssen, das erkannte ich klar [...]“ (29). Auch nach der Ankunft in Mallorca ist keineswegs eine statische Lebensform geschildert, vielmehr nimmt der Protagonist seinen Weg durch die unterschiedlichsten Milieus und durch eine ganze Serie verschiedener Lebenssituationen.

Endlich hat man zu bedenken gegeben, es fehle in Thelens Roman die christliche Weltsicht, die ansonsten in den pikaresken Geschichten den ideellen Horizont bilde.[7] Dieses Argument kann sich auf Mateo Alemán, auf Grimmelshausen oder Aegidius Albertinus berufen. Aber es bezieht sich keineswegs auf ein obligatorisches Kriterium, denn der Pícaro-Roman ist keine religiöse Gattung. Er kann ohne eine dezidiert christliche Orientierung auskommen, wie die Beispiele des *Gil Blas* und des *Felix Krull* zeigen. Nicht zu vergessen ist auch, daß gleich am Anfang der Gattungsgeschichte, im *Lazarillo de Tormes*, eine heftige Kritik an kirchlichen Amtsträgern hervortritt und daß der Text blasphemische Anspielungen auf das Abendmahl enthält, nämlich dort, wo der hungernde Lazarillo vor dem Brot seines geizigen Herrn niederkniet und es wie einen heiligen Gegenstand anbetet.[8]

---

[6] Vgl. M. Kremer, a.a.O., S. 151.
[7] M. Kremer, a.a.O., S. 151.
[8] Vgl. *Lazarillo de Tormes*, Tratado segundo. In der Übersetzung *Spanische Schelmenromane*. Hg. v. Horst Baader. Bd. I, München 1964, S. 29.

Wie bedenklich das Buch vom orthodoxen Standpunkt aus erscheinen mußte, zeigt sich in dem Verbot, das die Inquisition 1559 gegen den *Lazarillo* verhängte.

Offenbar beruhen die Vorbehalte gegen die Zuordnung von Thelens *Insel des zweiten Gesichts* zum pikaresken Genre auf einem starren und zum Teil verfehlten Gattungsbegriff. Grundsätzlicher noch als die geschilderten Bedenken setzt der Einwand an, Thelens Buch sei gar nicht als Roman zu verstehen, es handele sich vielmehr um eine Autobiographie.[9] Nun sind aber die pikaresken Romane durchweg, vom *Lazarillo* angefangen bis zu den Beispielen aus dem 20. Jahrhundert, in der Form fiktiver Autobiographien erzählt. Aus der spanischen Frühgeschichte der Gattung ist sogar ein Fall bekannt, der des *Estebanillo González* von 1646, in dem es sich um eine authentische Selbstdarstellung handelt.[10] Dies hat jedoch nie daran gehindert, das Buch in der Geschichte der Gattung figurieren zu lassen.[11]

Als später im bürgerlichen Zeitalter der pikareske Roman an Boden verliert, überleben seine Form und seine typischen Motive in den Autobiographien von Außenseitern und Menschen aus den unteren Schichten der Gesellschaft. Beispiele bieten die Selbstdarstellungen des Tirolers Peter Prosch oder des „deutschen Gil Blas" Johann Christian Sachse. Zu denken ist auch an die erstaunlichen Memoiren des François Eugène Vidocq, der es vom streunenden

---

[9] So z. B. Rainer Diederichs: *Strukturen des Schelmischen im modernen deutschen Roman.* Düsseldorf, Köln 1971, S. 37.

[10] Vgl. *La vida y hechos de Estebanillo González, hombre de buen humor. Compuesta por el mismo.* Hg. v. J. Millé y Giménez. Madrid 1973.

[11] Vgl. z. B. Richard Bjornson: *The Picaresque Hero in European Fiction.* Madison Wisc. 1977, S. 132 ff.

Komödianten, Soldaten, Räuber und Galeerensträfling am Ende noch zum Pariser Polizeichef brachte.

Thelens „angewandte Erinnerungen“ jedoch sind keine reine Autobiographie, denn sie sind offensichtlich fiktionalisiert, literarisch überformt und effektvoll aufbereitet. Das manifestiert sich schon in der Einführung der Kunstfigur Vigoleis, die der Erzähler des Romans deutlich von sich selbst unterscheidet, auch wenn er ihm seine eigenen Erfahrungen zuschreibt. Er nennt Vigoleis einen „Tragelaphen“ (9), d. h. ein Fabelwesen von zwitterhafter Gestalt. Die Kritik hat denn auch gleich nach Erscheinen des Buches konstatiert, daß man in der ironisch behandelten literarischen Kunstfigur Vigoleis und nicht in Thelen selbst den Protagonisten des Romans zu sehen hat.[12]

Die erzählerische Ausgestaltung des Lebensstoffs führte zu einer pikarischen Geschichte, weil deren Held Vigoleis Züge des Pícaro trägt. Er wird als „vielseitig verkrachte Existenz“ eingeführt (10), er ist ohne bürgerlichen Beruf und lehnt es überhaupt ab, sich den Forderungen der Gesellschaft zu fügen. Seine Außenseiterschaft ist gewollt, er entzieht sich den familiären Bindungen und verweigert die Einordnung in Institutionen wie Schule, Kirche oder Staat.[13] Unvermeidlich führt ihn diese Haltung in eine

[12] Vgl. Karl August Horst: Doppelgänger Vigoleis. *Merkur* 8 (1954), S. 894. Dem haben sich die meisten späteren Kritiker angeschlossen. Vgl. z. B. Donald O. White: Wiederbegegnung mit einem halbverschollenen Meisterepos: Zur „Insel des zweiten Gesichts“ des Albert Vigoleis Thelen. In: Rolf Kloepfer und Gisela Janetzke-Dillner (Hg.): *Erzählung und Erzählforschung im 20. Jh.* Stuttgart 1981, S. 299 ff., hier S. 302; ferner Rosmarie Zeller: Die poetischen Vorfahren Albert Vigoleis Thelens. *Coll. Germ.* 12 (1979), S. 329 ff., hier S. 330 f. Eine andere Akzentuierung bei Werner Jung in KLG, Art. A. V. Thelen, S. 6.

[13] Vgl. Hans-Volker Gretschel: *Die Figur des Schelms im deutschen Roman nach 1945.* Frankfurt/M. u.a. 1993, S. 140, 142.

Randposition der Gesellschaft, die mit mancherlei Unsicherheiten verbunden ist und ihn wiederholt dazu zwingt, um das nackte Überleben zu kämpfen. Da Vigoleis keine regelmäßige bezahlte Tätigkeit ausübt, droht ihm - wie Lazarillo und anderen Pícaros - der Tod durch Verhungern. Diese Nöte treiben Vigoleis und seine Gefährtin Beatrice bis an den Rand des Selbstmords.

Aus den Bedrängnissen ergibt sich die Notwendigkeit, zu den pikarischen Lebenstechniken der Täuschung, der Hochstapelei, der wendigen Improvisation Zuflucht zu nehmen. „Not macht erfinderisch und schlecht", heißt es einmal (750), und dieser Satz könnte das Motto für fast alle pikaresken Lebensläufe sein. Der Gedanke findet sich denn auch in verschiedenen Formulierungen in vielen Texten, etwa im *Guzmán* und in der *Pícara Justina*. Aber die Zwänge zu bedenklichen Praktiken wurden bei Vigoleis reguliert durch seine arglose Naivität, seine Weltfremdheit und seine intellektuellen Hemmungen. Der Schmugglerhäuptling der „Torre del Reloj" erkennt daher schnell, daß Vigoleis zu tölpelhaft und zu skrupulös für die professionelle Gaunerei ist, aber auch wieder zu intelligent, um ihn als ahnungsloses Werkzeug zu gebrauchen (306). Bisweilen hat man daher gemeint, der Held von Thelens Roman sei „mehr Tor als Schelm".[14] Das aber muß kein ausschließender Gegensatz sein, wie schon der *Lazarillo* zeigt.[15]

---

[14] So Klaus-Jürgen Hermanik: *Ein vigolotrischer Weltkucker. Die Prosa des Albert Vigoleis Thelen im Zusammenhang mit dem deutschsprachigen Pikaroroman.* Frankfurt 1996, S. 149 f. Er schließt sich dabei offenbar an die Untersuchung Bruno Schleussners an: *Der neopikareske Roman. Pikareske Elemente in der Struktur moderner englischer Romane 1950 - 1960.* Bonn 1969, S. 29 ff.

[15] Überhaupt zeigt sich bei Hermanik gelegentlich ein schiefes Bild des Pícaro, etwa wenn er von dem „rundumschlagenden Schelm" spricht, den er mit dem „Hanswurst" identifiziert. Vgl. Hermanik, a.a.O., S. 182.

Indem sich Vigoleis von allen sozialen Bindungen und Verpflichtungen freihält, kann er zu ganz unterschiedlichen Milieus Zugang finden. Unter den Fremden auf Mallorca trifft er auf Künstler, Millionäre, politisch Verfolgte, Pensionäre, Kriegsveteranen und gestrandete Existenzen. Von den Einheimischen lernt er Vertreter des Hochadels, Kriminelle und einfache Leute kennen. Aus der von internationaler Klientel bevölkerten Pension des anarchistisch-katholischen Grafen Don Alonso gerät er in die düstere „Torre del Reloj", die zugleich als Schmugglerhöhle und Bordell dient und wo ihn der Hunger und die Ratten zur Verzweiflung treiben. Die Schilderung dieser Wechselfälle läßt ein farbiges, figurenreiches Panorama entstehen, das mit wachem Sinn für die Bizarrerien und Exzentrizitäten der menschlichen Natur, aber auch mit satirischer Verve ausgemalt ist.

Scharfe Kritik richtet sich auf den bigotten Katholizismus, der die Jugend des Vigoleis bedrängt hatte. Spott ergießt sich über die Borniertheit und die Arroganz der Touristen, die schon in den dreißiger Jahren Mallorca heimsuchten. Im letzten Teil des Romans lenkt sich der Widerwille des Erzählers auf den Nationalsozialismus, der auch die im Ausland lebenden Deutschen auf seine Linie zu zwingen versucht. Vigoleis mißtraut allen Ideologien, die totalitäre Ansprüche stellen, und allem von Opfermut berauschten Patriotismus. Mit Selbstironie schildert er, wie er zusammen mit einem spanischen Lehrer und einem exilierten Revolutionär auf den Mehlsäcken einer Bäckerei in heroischen Tiraden schwelgt und den Schlachtentod preist, während „die kleinen Leute, das Kanonenfutter unserer vaterländischen Gesänge", in die Bäckerei kommen und ihr sauer verdientes Brot holen (533 ff.).

Im ganzen zeichnet Thelens Roman kein anheimelndes Bild der Welt. Vigoleis bezeichnet sich als „Erzweltschmerzler“ (70), er läßt Sympathien für Schopenhauers Pessimismus erkennen und verteidigt - angesichts der Misere des Daseins - den Selbstmord (254 f.). Schon früh verliert er das Vertrauen in die Ordnungsvorstellungen, die ihm Elternhaus und Kirche vermitteln wollen. Das desillusionierende Initiationserlebnis, das in allen pikarischen Lebensläufen entscheidende Bedeutung hat, ereilt Vigoleis paradoxerweise bei der Feier der Ersten Kommunion: Der Pfarrer meint bei der Generalprobe für die Zeremonie, der Kommunikant strecke die Zunge nicht weit genug hervor und schlägt ihm daher mit einem Schlüssel auf den Mund, womit er „das kindlich-mystische Glaubensgebäude zertrümmert“ (289): „Wie ich auch karrte, ich kam aus dem Schutt nicht mehr heraus, und erkannte Gott. Gott hatte aufgehört, das geheimnisvolle Wesen zu sein, das Unnahbare, das Namenlose, das Untödliche und Heilig-Dämonische“ (581).

Trotz des Mangels an tröstlichen Perspektiven nimmt der Roman im ganzen jedoch nicht die graue Farbe der Tristesse an. Vielmehr gewinnt er dem Chaos des Weltgetriebes komische Wirkungen ab, und der Erzähler Vigoleis kann sich mit Recht als „der unverbesserliche fröhliche Weltverneiner“ vorstellen (30). Seine Desillusionierung und sein Pessimismus hindern ihn nicht daran, sich durch die turbulente Buntheit der Welt, durch die absurden Fügungen der Zeitläufe und durch die skurrilen Charaktere, denen er allenthalben begegnet, faszinieren zu lassen. Das farbige, welt- und wortsüchtige, von Witz und Phantasie beflügelte, sprudelnde Erzählen überspielt die skeptisch-düstere Grundeinstellung. Hier zeigt sich eine Ambivalenz, für die der Roman Formeln wie „fröhlicher Weltgram“ (748) anbietet. Man kann auch darin eine Parallele zu älteren pikaresken Werken finden, die das Bild einer grausamen, von Gewalt beherrschten, mitleidlosen Welt zeichnen, dann aber doch die dreiste Selbstbehauptung des Schelms nicht ohne Lust und Zustimmung schildern. Das läßt sich im *Guzmán* oder im *Simplicissimus* registrieren, wo die Streiche der pikarischen Protagonisten mit mehr Verve erzählt sind als die offizielle, predigthaft verkündete Moral es eigentlich erlaubt.

Resümierend wird sich sagen lassen, daß die Affinitäten von Thelens *Insel des zweiten Gesichts* zu den prominenten Werken der pikaresken Tradition so deutlich sind, daß die Vorbehalte gegen eine Einordnung des Werkes in die Geschichte dieser Gattung nicht einleuchten können. Natürlich gibt es auch Unterschiede, weil Thelens Roman wie jedes originelle literarische Werk auch höchst individuelle Züge zeigt. Das ist sicherlich der Fall in der Zeichnung des Protagonisten Vigoleis, an dem eine kompliziertere Persönlichkeitsstruktur hervortritt als sie bei den früheren Pícaros anzutreffen ist. Das spiegelt sich auch in einer Subjektivierung des Erzählens, die zu einer assoziativ wuchernden, in eigenwilligen Sprüngen und Umwegen sich fortbewegenden Darstellungsweise führt.

Im Blick auf solche Unterschiede zu den älteren Schelmenromanen hat man vorgeschlagen, Thelens Buch nicht einfach als „pikaresk", sondern als „neopikaresk" zu bezeichnen, um es auf diese Weise von den früheren Mustern abzusetzen und zugleich mit anderen Versuchen zu einer Erneuerung der Gattung im 20. Jahrhundert in Verbindung zu bringen.[16] Aber dieser Vorschlag krankt daran, daß sich mit dem Begriff des „Neopikaresken" keine

[16] So M. Kremer (wie N. 4), S. 155, im Anschluß an die Begriffsbildung bei B. Schleussner.

hinreichend konkrete Vorstellung verbindet. Zwar ist es sicherlich zutreffend, daß sich in neueren Romanen häufig eine Verlagerung des Darstellungsinteresses von der Schilderung der Welt hin zur Person des Protagonisten beobachten läßt.[17] Aber wenn es heißt, Thema des „neopikaresken" Romans sei die „Darstellung des Individuums in der Krise"[18], dann ist diese Formel doch so unbestimmt, daß damit einerseits schon Stendhals *Le Rouge et le Noir,* andererseits auch Thomas Manns *Zauberberg* oder Musils *Mann ohne Eigenschaften* charakterisiert sein könnten.

Gattungskonzepte ändern sich im Lauf der historischen Entwicklung, sie öffnen sich gegenüber neuen Ausdrucksbedürfnissen und reagieren in vielfältiger Weise auf die Verschiebung der historischen Koordinaten. Diese Flexibilität und Wandlungsfähigkeit ist überhaupt die Voraussetzung für das Überleben literarischer Gattungen. Wenn man ein solcherart offenes und als anpassungsfähig konzipiertes Modell der Gattung Schelmenroman zugrundelegt, dann läßt sich Thelens *Insel des zweiten Gesichts* als originelle Fortbildung der pikaresken Tradition beschreiben, deren Qualitäten vor allem in einem turbulenten, sprachverliebten Erzählen liegen, mit dem das Buch sich über den *desengaño*, die desillusionierende Wirkung der pikarischen Welterfahrung erhebt.

---

[17] Vgl. B. Schleussner (wie N. 14), S. 75, 85, 87.
[18] B. Schleussner, a.a.O., S. 113.

Nachweise

Der Weg des Pícaro wurde für die Vortragsreihe der Universität Eichstätt im Wintersemester 1996/97 geschrieben. Bislang unveröffentlicht.

Bildungsroman und Pícaro-Roman ist zuerst erschienen in: Gerhart Hoffmeister (Hg.): Der moderne deutsche Schelmenroman. Interpretationen. Amsterdamer Beiträge zur Neueren Germanistik Bd. 20 (1985/86), S. 9 - 18.

Das Erwachen des Schelms ist gedruckt in: Chloe, Beihefte zum Daphnis, Bd. 5: Der deutsche Schelmenroman im europäischen Kontext (1987), S. 61 - 75.

Der Fürst des Gaunerlebens, ungedruckt.

Der Pícaro im bürgerlichen Zeitalter, zuerst erschienen in: Arcadia 24 (1989), S. 263 - 270.

Thomas Manns Felix Krull *und der europäische Schelmenroman*, Eröffnungsvortrag für die Tagung der Deutschen Thomas-Mann-Gesellschaft am 31. März 1995. Erstdruck in: Ulrich Ernst (Hg.): Laborintus literatus. Festgabe für Dietrich Weber zum 60. Geburtstag. Wuppertal 1995, S. 49 - 70.

Der Pícaro auf Mallorca, unveröffentlicht.